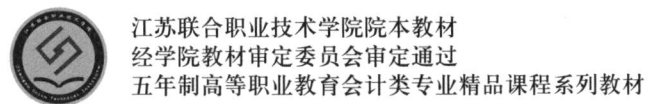

江苏联合职业技术学院院本教材
经学院教材审定委员会审定通过
五年制高等职业教育会计类专业精品课程系列教材

会计应用技术实训

程晓鹤　葛杰／主编

图书在版编目(CIP)数据

会计应用技术实训/程晓鹤,葛杰主编. —上海:立信会计出版社,2021.4(2023.1重印)

ISBN 978-7-5429-6802-9

Ⅰ.①会… Ⅱ.①程…②葛… Ⅲ.①会计学 Ⅳ.①F230

中国版本图书馆 CIP 数据核字(2021)第 071119 号

策划编辑	王斯龙
责任编辑	王斯龙
封面设计	南房间

会计应用技术实训
KUAIJI YINGYONG JISHU SHIXUN

出版发行	立信会计出版社		
地　　址	上海市中山西路 2230 号	邮政编码	200235
电　　话	(021)64411389	传　　真	(021)64411325
网　　址	www.lixinph.com	电子邮箱	lixinaph2019@126.com
网上书店	http://lixin.jd.com		http://lxkjcbs.tmall.com
经　　销	各地新华书店		
印　　刷	上海万卷印刷股份有限公司		
开　　本	787 毫米×1092 毫米　1/16		
印　　张	10.75		
字　　数	166 千字		
版　　次	2021 年 4 月第 1 版		
印　　次	2023 年 1 月第 2 次		
书　　号	ISBN 978-7-5429-6802-9/F		
定　　价	40.00 元		

如有印订差错,请与本社联系调换

江苏联合职业技术学院院本教材出版说明

　　江苏联合职业技术学院成立以来,坚持以服务经济社会发展为宗旨、以促进就业为导向的职业教育办学方针,紧紧围绕江苏经济社会发展对高素质技术技能型人才的迫切需要,充分发挥"小学院、大学校"办学管理体制创新优势,依托学院教学指导委员会和专业协作委员会,积极推进校企合作、产教融合,积极探索五年制高职教育教学规律和高素质技术技能型人才成长规律,培养了一大批能够适应地方经济社会发展需要的高素质技术技能型人才,形成了颇具江苏特色的五年制高职教育人才培养模式,实现了五年制高职教育规模、结构、质量和效益的协调发展,为构建江苏现代职业教育体系、推进职业教育现代化作出了重要贡献。

　　面对新时代中国特色社会主义建设的宏伟蓝图,我国社会主要矛盾已经转化为人民日益增长的美好生活需要和不平衡不充分的发展之间的矛盾,这就需要我们有更高水平、更高质量、更高效益的发展,实现更加平衡、更加充分的发展,才能全面建成社会主义现代化强国。五年制高职教育的发展必须服务于国家发展战略,以不断满足人们对美好生活需要为目标,全面贯彻党的教育方针,全面深化教育改革,全面实施素质教育,全面落实立德树人根本任务,充分发挥五年制高职贯通培养的学制优势,建立和完善五年制高职教育课程体系,健全德能并修、工学结合的育人机制,着力培养学生的工匠精神、职业道德、职业技能和就业创业能力,创新教育教学方法和人才培养模式,完善人才培养质量监控评价制度,不断提升人才培养质量和水平,努力办好人民满意的五年制高职教育,为决胜全面建成小康社会、实现中华民族伟大复兴的中国梦贡献力量。

　　教材建设是人才培养工作的重要载体,也是深化教育教学改革、提高教学质量的重要基础。目前,五年制高职教育教材建设规划性不足、系统性不强、特色不明显等问题一直制约着内涵发展、创新发展和特色发展的空间。为切实加强学院教材建设与规范管理,不断提高学院教材建设与使用的专业化、规范化和科学化水平,学院成立了教材建设与管理工作领导小组和教材审定委员会,统筹领导、科学规划学院教材建设与管理工作,制定了《江苏联合职业技术学院教材建设与使用管理办法》和《关于院本教材开发若干问题的意见》,完善了教材建设与管理的规章制度;每年滚动修订《五年制高等职业教育教材征订目录》，统一组织五年制高职教育教材的征订、采购和配送；编制了学院"十三五"院本教材建设规划，组织18个专业和公共基础课程协作委员会推进院本教材开发，建立了一支院本教材开发、编写、审定队伍；创建了江苏五年制高职教育教材研发基地，与江苏凤凰职业教育图书有限公司、苏州大学出版社、北京理工大学出版社、南京大学出版社、上海交通大学出版社等签订了战略合作协议，协同开发独具五年制高职教育特色的院本教材。

今后一个时期，学院在推动教材建设和规范管理工作的基础上，紧密结合五年制高职教育发展新形势，主动适应江苏地方社会经济发展和五年制高职教育改革创新的需要，以学院18个专业协作委员会和公共基础课程协作委员会为开发团队，以江苏五年制高职教育教材研发基地为开发平台，组织具有先进教学思想和学术造诣较高的骨干教师，依照学院院本教材建设规划，重点编写出版约600本有特色、能体现五年制高职教育教学改革成果的院本教材，努力形成具有江苏五年制高职教育特色的院本教材体系。同时，加强教材建设质量管理，树立精品意识，制定五年制高职教育教材评价标准，建立教材质量评价指标体系，开展教材评价评估工作，设立教材质量档案，加强教材质量跟踪，确保院本教材的先进性、科学性、人文性、适用性和特色性建设。学院教材审定委员会组织各专业协作委员会做好对各专业课程(含技能课程、实训课程、专业选修课程等)教材进行出版前的审定工作。本套院本教材较好地吸收了江苏五年制高职教育最新理论和实践研究成果，符合五年制高职教育人才培养目标定位要求。教材内容深入浅出，难易适中，突出"五年贯通培养、系统设计"专业实践技能经验积累培养，重视启发学生思维和培养学生运用知识的能力。教材条理清楚，层次分明，结构严谨，图表美观，文字规范，是一套专门针对五年制高职教育人才培养的教材。

学院教材建设与管理工作领导小组
学院教材审定委员会
2021年4月

序言 Foreword

五年制高职是融中等职业教育和高等职业教育于一体，实行五年贯通培养的专科层次职业教育。为探索和实践五年制高职会计专业的教育规律和教学特色，推动专业建设和教学改革，提升教育教学质量，江苏联合职业技术学院财务会计专业协作委员会，组成了课程改革专题工作项目组，承担五年制高职教育会计专业建设和课程改革的实践与研究工作。重点是以现代职业教育发展理论为基础，对五年制高职教育会计专业课程体系、教学内容改革和整体优化进行研究与实践。我们在总结、借鉴国内外各类职业教育课程模式的基础上，依据高职教育培养质量要求和会计工作岗位个性特征，综合高职会计专业课程体系构建的基本要素，经过不断探索、论证、反思、实践，构建并实施了"职业群集课程模式为基础的两个链路课程系统"的高职会计专业课程体系。一是"以会计职业入门资格为基础，以初级会计师水平知识、能力水平准备为标志，以我国企业会计准则和管理会计应用指引为引领，以理论和实践一体化为载体"，遵循"知识—能力"教学链路主线，构建专业理论知识课程系统。该课程系统主要指向是系统培养学生的专业知识和专业素质，并在学生熟练掌握基本知识的基础上，培养学生解读和应用国家财经政策、会计准则和会计制度体系的能力，实现职业入门资格和高等职业教育培养规格相融合的专业培养目标定位。二是"以会计岗位工作任务为基础，以岗位实践能力为核心，以项目课程为载体"，遵循"技能—知识"教学链路主线，构建"会计基本技能实训—会计应用技术实训—会计岗位项目实训—会计顶岗实习—管理会计专业技能项目化训练"的专业实践项目课程系统。该课程系统主要指向系统培养学生的职业技能，突出专业技能训练与会计工作的实际相协调，实现专业能力培养与职业岗位需求的一致性。

为确保五年制高职教育会计类专业新课程体系的实施，"十二五""十三五"期间，学院财务会计专业协作委员会课程改革工作专题工作项目组，以贯彻实施五年制高职教育会计类专业人才培养方案和课程标准为目标，以精品课程建设为核心，开发建设了一批能体现五年制高等职业教育特色、体现课改精神和成果、有特色、新颖的会计专业精品教材。有效推进了江苏五年制高职教育会计类专业课程建设和教育教学质量的提升。

2020年根据《江苏联合职业技术学院院本教材遴选办法(暂行)》,为促进学院会计类专业教材建设,在各成员校申报的基础上,经过专家评审,经学院批准,遴选了10本已经出版使用、特色鲜明、质量较高的五年制高职教育会计类专业校本教材为院本教材。本次遴选入选的会计类院本教材,涉及五个出版社,在和主编及出版社沟通的基础上,根据江苏五年制高职教育会计类专业发展与课程建设的最新要求对教材内容进行了重新优化调整,并按照院本教材的体例格式进行修订。本批院本教材符合党和国家教育方针和政策,符合五年制高职学生认知水平、成长规律和培养目标要求,具有特色鲜明的创新性、精品性、系统性,体现五年制高职教育会计类专业课程改革最新成果。教材内容、文本格式新颖,文字简练,层次分明,结构合理,特色鲜明。

本系列教材,主要适用于五年制高等职业教育会计类专业,也适用于三年制高等职业教育、中等职业教育的财经类专业,还可以作为会计从业人员的学习、培训用书。

学院财务会计专业协作委员会
2021年4月

前言

  会计专业是实践性较强的专业。长期的专业技能知识储备的目的是实践,而实践是以知识储备作为导航灯的。会计专业学生只有将理论联系实践,加深对工作流程和工作内容的了解,方能提高运用专业知识的水平,达到学以致用。随着会计制度的日臻完善、社会对会计人员的高度重视和严格要求,会计专业教学必须加强会计专业学生的社会竞争力,增强其自身的素质,培养较强的操作能力。而要保证会计实践教学的实施,就必须有一本与基础会计教材相配套的实训教材。

  本教材是为了使学生进一步掌握基础会计的基本理论、基本方法和基本操作技术,提高学生对会计实际工作的感性认识和实际操作能力,由多年从事会计教学、经验丰富的教师精心编写而成。本教材可供各类应用技能型院校会计专业或其他相关专业做教学之用。

  本教材从原始凭证的填制、记账凭证的填制、科目汇总表的编制、账簿的登记和会计报表的编制5个方面,为学生提供一个全面综合的实践训练。具体而言,本教材有以下几方面的特色。

  一、推陈出新

  本教材在内容、票据等方面推陈出新。教材中的会计科目及会计业务是按照最新的《企业会计准则》和最新的《企业财务通则》选择或设计的,涉及的各种税费都是按照最新法规或最新标准设计的,票据和结算凭证是根据中国人民银行对票据和结算凭证的种类和格式进行调整后的新版样式设计的。

  二、特色鲜明

  本教材在项目设计方面坚持应用技能培养的原则,充分考虑到会计工作的特点,将企业中筹集资金、准备生产、生产过程、销售过程、往来核算、财务成果的计算与分配、财产清查等典型业务和一些常见业务涵盖其中,学生在教师指导下,可以按照要求逐一操作。经过实训,学生可基本具备在企业从事会计工作的能力。

  三、贴近实际

  本教材所涉及的经济业务全部用真实的原始凭证来体现,取得原始凭证时间顺序的设计等也基本与企业实际工作相一致,使学生零距离接触企业真实业务。

本教材由程晓鹤、葛杰副教授担任主编,赵丹、段彦、张依晨参与编写,主要适用于培养应用技能型会计人才的各类院校。由于编者水平有限,教材中难免有欠妥之处,恳请广大读者和专家批评指正。

联系邮箱:wangsilongjy@qq.com。

编者

2021 年 4 月

目录 Contents

第一章
会计应用技术实训的目的 ······················· 1

第二章
会计应用技术实训的要求 ······················· 2

一、记账凭证的编制要求 ························· 2
二、会计账簿的登记要求 ························· 2
三、会计报表的编制要求 ························· 4

第三章
企业基础资料 ······························· 5

第四章
填制原始凭证 ······························· 6

第五章
会计政策及相关说明 ······················· 18

第六章
业务内容及实训要求 ······················· 21

一、2020 年 8 月份 ····························· 21
二、2020 年 9 月份 ····························· 22

附录一　2020 年 8 月份业务凭证 ··· 25
附录二　2020 年 9 月份业务凭证 ··· 91
附录三　会计应用技术实训任务完成情况检查表 ······························ 155
附录四　5S 管理考核表 ·· 157
附录五　会计应用技术实训评分表 ··· 159
附录六　会计应用技术实训总结 ·· 161

第一章　会计应用技术实训的目的

　　本实训课程使学生全面系统地掌握会计核算的基本操作过程和具体要求,了解熟悉会计核算流程,培养学生认知分析原始凭证、正确进行会计处理的能力。具体而言,本实训课程的目的包括以下三个方面:

　　(1) 使学生直观了解原始凭证和记账凭证应具备的基本要素,熟悉常见原始凭证的格式,掌握常见原始凭证的填制,掌握记账凭证填制的基本操作技能和技巧。

　　(2) 使学生直观了解各类账簿的基本结构,熟悉各类账簿的账页格式,掌握账簿的启用、设置、登记、对账、结账等的基本操作技能和技巧。

　　(3) 使学生直观了解主要会计报表的编制依据,熟悉主要会计报表的基本结构,掌握编制会计报表的基本技能和技巧。

第二章　会计应用技术实训的要求

一、记账凭证的编制要求

(1) 记账凭证各项内容必须完整。

(2) 记账凭证应连续编号。如果一笔经济业务需要填制两张以上的记账凭证,可以采用分数编号法编号,例如 $1\frac{1}{2}$,$1\frac{2}{2}$。

(3) 记账凭证的书写应清楚、规范。

(4) 记账凭证可以根据每一张原始凭证填制,或者根据若干张同类原始凭证汇总填制,也可以根据原始凭证汇总表填制,但是不得将不同内容和类别的原始凭证汇总填制在一张记账凭证上。

(5) 除结账和更正错误的记账凭证可以不附原始凭证外,其他记账凭证必须附有原始凭证。记账凭证上应注明原始凭证的张数,以便核对摘要及所编会计分录的正确性。如果一张原始凭证需要填制两张及以上记账凭证的,应在未附原始凭证的记账凭证上注明其原始凭证已附在某张记账凭证后,以便查阅。

(6) 填制记账凭证时若发生错误,应当重新填制。已登记入账的记账凭证在当年内发现填写错误时,可以用红字填写与原内容相同的记账凭证,在摘要栏注明"注销某月某日某号凭证"字样,同时用蓝字重新填制正确的记账凭证,注明"订正某月某日某号凭证"字样。如果会计科目没有错误,只是金额错误,也可将正确数字与错误数字之间的差额另外编制调整的记账凭证,调增金额用蓝字,调减金额用红字。发现以前年度记账凭证有错误的,应当用蓝字填制更正的记账凭证。

(7) 记账凭证的内容填制完整后,如有空行,应当自金额栏最后一笔金额数字下的空行处至合计数上的空行处划线注销。

二、会计账簿的登记要求

1. 准确完整

登记会计账簿时,应当将会计凭证日期、编号、业务内容摘要、金额和其他有关资料逐项记入账内,做到数字准确、摘要清楚、登记及时、字迹工整。对每一项会计事项,一方面要记入有关的总账,另一方面要记入该总账所属的明细账。账簿记录中的日期,应该填写记账凭证上的日期;以自制的原始凭证,如收料单、领料单等,作为记账依据的,账簿记录中的日期应按有关自制凭证上的日期填列。

2. 注明记账符号

登记完毕后,要在记账凭证上签名或者盖章,并在记账凭证上的专门栏目注明记账的符号,表示已经记账,以免发生重记或漏记。

3. 文字和数字必须整洁清晰,准确无误

在登记书写时,不要滥造简化字,不得使用同音异义字,不得写怪字体;摘要文字紧靠左线;数字要写在金额栏内,不得越格错位、参差不齐;文字、数字字体大小适中,紧靠下线书写,上面要留有适当空距,一般应占格宽的1/2,以备按规定的方法改错。记录的金额如为没有角分的整数,应分别在角分栏内写上"0",不得省略不写或以"-"号代替。阿拉伯数字一般可自左向右适当倾斜,以使账簿记录整齐、清晰。为防止字迹模糊,墨迹未干时不要翻动账页;夏天记账时,可在手臂下垫一块软质布或纸板,以防汗浸。

4. 正常记账使用蓝黑墨水

登记账簿要用蓝黑墨水或者碳素墨水书写,不得使用圆珠笔(银行的复写账簿除外)或者铅笔书写。在会计的记账书写中,数字的颜色是重要的语素之一,它同数字和文字一起传达会计信息。书写墨水的颜色用错导致的概念混乱不亚于数字和文字书写错误导致的混乱。

5. 特殊记账使用红色墨水

下列情况可以用红色墨水记账:①按照红字冲账的记账凭证,冲销错误记录;②在不设借、贷等栏的多栏式账页中,登记减少数;③在三栏式账户的余额栏前,如未印明余额方向的,在余额栏内登记负数余额;④根据国家统一会计制度的规定可以用红字登记的其他会计记录。

6. 顺序连续登记

各种账簿应按页次顺序连续登记,不得跳行、隔页。如果发生跳行、隔页,更不得随便更换账页和撤出账页,作废的账页也要留在账簿中。如果发生跳行、隔页,应当将空行、空页划线注销,或者注明"此行空白""此页空白"字样,并由记账人员签名或者盖章。这对堵塞账簿登记中可能出现的漏洞,是十分必要的防范措施。

7. 结出余额

凡需要结出余额的账户,结出余额后,应当在借或贷等栏内写明"借"或者"贷"等字样。没有余额的账户,应当在借或贷等栏内写"平"字,并在余额栏内用"θ"表示。现金日记账和银行存款日记账必须逐日结出余额。一般来说,对于没有余额的账户,在余额栏内标注的"θ"应当放在元位。

8. 过次承前

每一账页登记完毕结转下页时,应当结出本页合计数及余额,写在本页最后一行和下页第一行有关栏内,并在摘要栏内注明"过次页"和"承前页"字样;也可以将本页合计数及金额只写在下页第一行有关栏内,并在摘要栏内注明"承前页"字样。也就是说,过次页和承前页的方法有两种:一是在本页最后一行内结出发生额合计数及余额,然后过次页并在次页第一行承前页;二是只在次页第一行承前页写出发生额合计数及余额,不在上页最后一行结出发生额合计数及余额。

9. 发生错误时,必须按规定方法更正

严禁刮、擦、挖、补,或使用化学药物清除字迹。发现差错必须根据差错的具体情况采用划线更正、红字更正、补充登记等方法更正。

三、会计报表的编制要求

1. 真实可靠

会计报表编制应当如实反映企业的财务状况、经营成果和现金流量。保证会计报表真实可靠需做的准备工作有:①企业在编制年度会计报表前,应按照规定,全面清查资产、核实债务;②核对各会计账簿记录与会计凭证的内容、金额等是否一致,记账方向是否相符;③依照规定的结账日进行结账,结出有关会计账簿的余额和发生额,并核对各会计账簿之间的余额;④检查相关的会计核算是否按照国家统一的会计制度规定进行;⑤对于国家统一的会计制度没有规定统一核算方法的交易、事项,检查其是否按照会计核算的一般原则进行确认和计量以及相关账务处理是否合理;⑥检查是否存在因会计差错、会计政策变更等原因需要调整前期或者本期相关项目。在前款规定工作中发现问题的,应当按照国家统一的会计制度的规定进行处理。

2. 全面完整

会计报表应当反映企业生产经营活动的全貌,全面反映企业的财务状况、经营成果和现金流量。保证会计报表全面完整的措施有:①企业应当按照规定的会计报表格式和内容编制会计报表;②企业应按规定编报国家要求提供的各种会计报表,对于国家要求填报的有关指标和项目,应按照有关规定填列。

3. 前后一致

编制会计报表依据的会计方法,前后期应当遵循一致性原则,不能随意变更。如果确需改变某些会计方法,应在报表附注中说明改变的原因及改变后对报表指标的影响。

4. 编报及时

企业应根据有关规定,按月度、季度、半年度、年度及时对外报送会计报表。会计报表的报送期限,由国家统一规定:①月报应于月度终了后 6 天内(节假日顺延,下同)对外提供;②季报应于季度终了后 15 天内对外提供;③半年报应于年度中期结束后 60 天内(相当于两个连续的月份)对外提供;④年报应于年度终了后 4 个月内对外提供。

5. 相关可比

相关可比是指企业会计报表所提供的财务会计信息必须与会计报表使用者的决策相关,并且便于会计报表使用者在不同企业之间及同一企业前后各期之间进行比较。

6. 便于理解

便于理解是指会计报表所提供的会计信息应当清晰明了,便于使用者理解和利用。

第三章　企业基础资料

企业法人营业执照　　　　　　　　　注册号:100000000003874

名称:徐州糖果食品有限公司
住所:江苏省徐州市泉山区杨玉街刘英路53号
法人代表:刘杰　　　　　　　　　　　　注册资金:100万元人民币
公司类型:有限责任公司　　　　　　　　实收资本:100万元人民币
经营范围:食品制造与销售

成立日期:2020年8月1日
营业期间:2020年8月1日至2030年8月1日　　　　2020年8月1日

（1）企业增值税类型:一般纳税人。
（2）社会信用代码:913203111625017724。
（3）企业电话号码:0516-81699081。
（4）企业基本户开户行:中国建设银行徐州市泉山区支行41622196583214。
（5）企业结算户:中国银行徐州市泉山区支行41924996954450。

第四章 填制原始凭证

(1) 2020年8月1日,徐州糖果食品有限公司提取现金10 000元(用途:备用金;支付密码:4956-6961-0446-1116),请填制现金支票,如图4-1、图4-2所示。

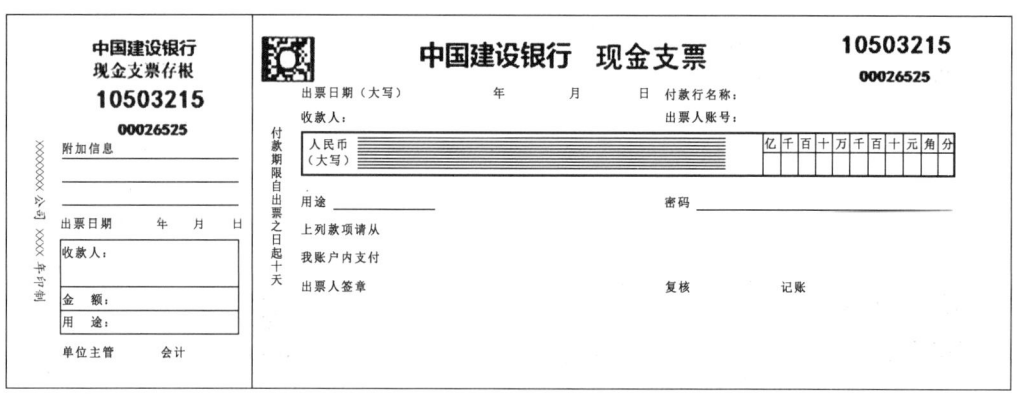

图4-1 现金支票正面

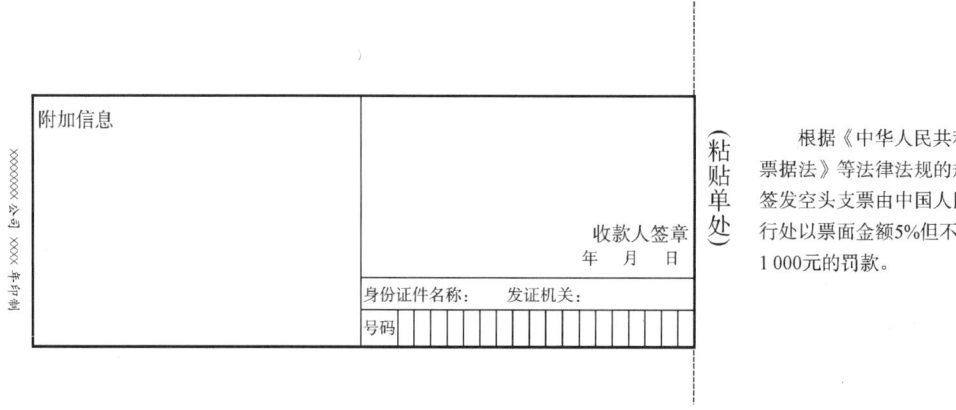

图4-2 现金支票背面

(2) 2020年8月2日,徐州糖果食品有限公司准备将收到的废品款2 340元存入银行,请填制现金交款单,如图4-3、图4-4所示。

中国建设银行
China Construction Bank

现金交款单

币别：　　　　　年　月　日　　　流水号：

单位填写	收款单位		交款人	
	账　号		款项来源	
	（大写）		亿千百十万千百十元角分	

银行确认栏

现金回单（无银行打印记录及银行签章此单无效）

复核　　　　　录入　　　　　出纳

第一联　银行记账凭证

图 4-3　现金交款单（第一联）

中国建设银行
China Construction Bank

现金交款单

币别：　　　　　年　月　日　　　流水号：

单位填写	收款单位		交款人	
	账　号		款项来源	
	（大写）		亿千百十万千百十元角分	

银行确认栏

现金回单（无银行打印记录及银行签章此单无效）

复核　　　　　录入　　　　　出纳

第二联　客户回单

图 4-4　现金交款单（第二联）

（3）2020年8月4日，徐州糖果食品有限公司支付货款，请根据付款申请书（见图4-5）填制转账支票（支付密码：2322-1363-4333-6418），如图4-6、图4-7所示。

付款申请书
2020年08月04日

用途及情况	金额	收款单位(人)：徐州中凯有限公司
支付货款	亿千百十万千百十元角分	账号：41622124957297
	￥　　　3 5 1 0 0 0 0	开户行：中国建设银行徐州市鼓楼区支行
金额（大写）合计：	人民币叁万伍仟壹佰元整	结算方式：转账支票
总经理　李一帆	财务部门　经理　朱汇　会计　刘明	业务部门　经理　王群忠　经办人　钟国钊

图 4-5　付款申请书

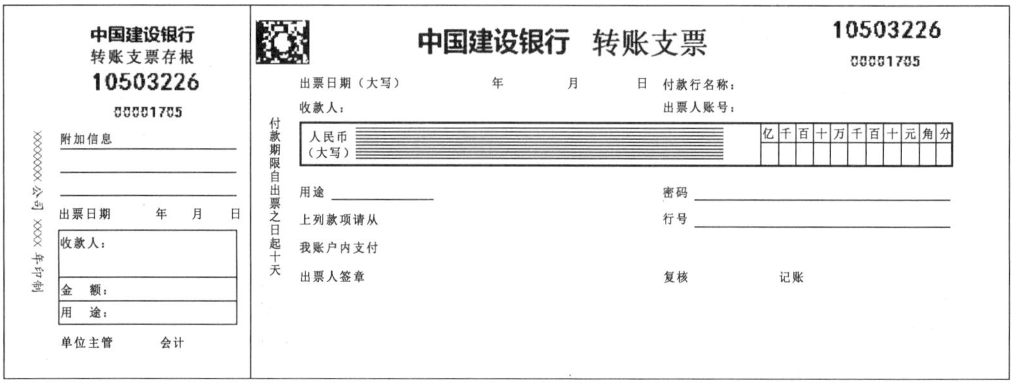

图 4-6 转账支票正面

图 4-7 转账支票背面

（4）2020年8月7日，销售部员工王彦伟向公司预借差旅费1 500元，请以借款人的身份填制借款单，如图4-8～图4-10所示。

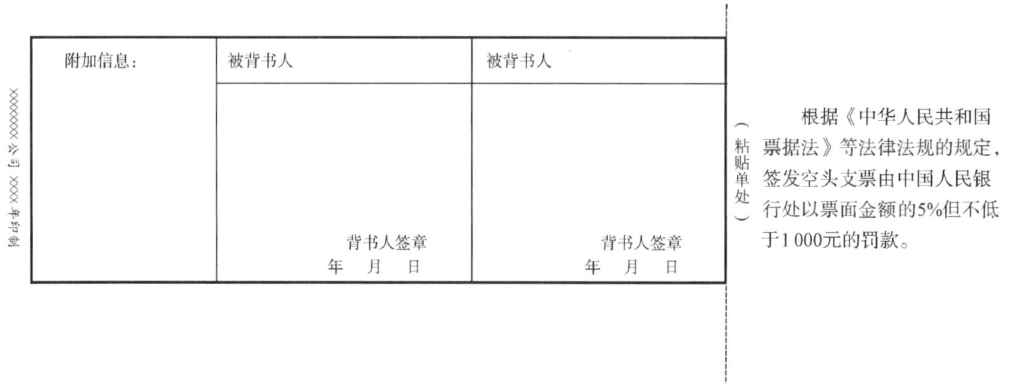

图 4-8 借款单（第一联）

借款单

年　　月　　日　　　　　　　　NO 02858

借款人：	所属部门：
借款用途：	
借款金额：人民币(大写)	
部门负责人审批：	借款人(签章)：
财务部门审核：	
单位负责人批示：	签字：
核销记录：	

第二联　结算联（结算后记账）

图 4-9　借款单(第二联)

借款单

年　　月　　日　　　　　　　　NO 02858

借款人：	所属部门：
借款用途：	
借款金额：人民币(大写)	
部门负责人审批：	借款人(签章)：
财务部门审核：	
单位负责人批示：	签字：
核销记录：	

第三联　回执联（结算后交借款人留存）

图 4-10　借款单(第三联)

（5）2020 年 8 月 11 日，收到徐州万城有限公司(经手人：王进常)交来包装物押金 500 元，请填制收款收据(交款方式：现金)，如图 4-11～图 4-13 所示。

收　款　收　据

NO.000822

年　　月　　日

今收到＿＿＿＿＿＿＿＿＿＿＿＿＿＿＿＿＿

交来：＿＿＿＿＿＿＿＿＿＿＿＿＿＿＿＿＿＿

金额(大写)　佰　拾　万　仟　佰　拾　元　角　分

¥ ＿＿＿＿＿　□现金　□转账支票　□其他　　　收款单位(盖章)

核准：　　会计：　　记账：　　出纳：　　经手人：

第一联　存根联

图 4-11　收款收据(第一联)

收 款 收 据

NO.000822

年　月　日

今 收 到＿＿＿＿＿＿＿＿＿＿＿＿＿＿＿＿＿＿＿＿＿＿＿

交　来：＿＿＿＿＿＿＿＿＿＿＿＿＿＿＿＿＿＿＿＿＿＿＿＿

金额（大写）　佰　拾　万　仟　佰　拾　元　角　分

¥＿＿＿＿＿　□现金　□转账支票　□其他

收款单位(盖章)

核准：　　会计：　　记账：　　出纳：　　经手人：

第二联　交对方

图 4-12　收款收据（第二联）

收 款 收 据

NO.000822

年　月　日

今 收 到＿＿＿＿＿＿＿＿＿＿＿＿＿＿＿＿＿＿＿＿＿＿＿

交　来：＿＿＿＿＿＿＿＿＿＿＿＿＿＿＿＿＿＿＿＿＿＿＿＿

金额（大写）　佰　拾　万　仟　佰　拾　元　角　分

¥＿＿＿＿＿　□现金　□转账支票　□其他

收款单位(盖章)

核准：　　会计：　　记账：　　出纳：　　经手人：

第三联　交财务

图 4-13　收款收据（第三联）

（6）2020 年 8 月 13 日，徐州糖果食品有限公司收到转账支票（见图 4-14、图 4-15），当日进账，请采用顺解方式办理进账手续，进账单如图 4-16～图 4-18 所示。

中国工商银行 转账支票

10503226
02493383

出票日期（大写）　贰零贰零年　捌月　壹拾叁日　付款行名称 中国工商银行南通市崇川区支行

收款人：徐州糖果食品有限公司　出票人账号：416014349998904

人民币（大写）　壹万壹仟柒佰元整　　￥11700.00

付款期限自出票之日起十天

用途：支付货款

上列款项请从我账户内支付

出票人签章　南通恒通有限公司 财务专用章　吴洪

密码　0252-2093-2358-2841

行号＿＿＿＿＿＿＿＿＿＿

复核　　　　记账

图 4-14　转账支票正面

图 4-15 转账支票背面

图 4-16 进账单(回单)

图 4-17 进账单(贷方凭证)

中国建设银行 进账单(收账通知) 3

年 月 日

出票人	全 称		收款人	全 称	
	账 号			账 号	
	开户银行			开户银行	

金额	人民币(大写)				亿 千 百 十 万 千 百 十 元 角 分

票据种类		票据张数	
票据号码			

复核： 记账：   开户银行盖章

此联是由收款人开户银行交给收款人的收账通知

图 4-18 进账单(收账通知)

(7) 2020 年 8 月 15 日,徐州糖果食品有限公司销售商品一批,请根据销售单(见图 4-19)以会计刘明的身份填制增值税专用发票,如图 4-20～图 4-22 所示。

销售单

购货单位：中祥销售有限公司   地址和电话：北京市怀柔区46街68路24号 010-25354750   单据编号：XS038

纳税识别号：911101169456397425   开户行及账号：中国建设银行北京市怀柔区支行41622124173915   制单日期：2020-8-15

编码	产品名称	规格	单位	单价	数量	金额	备注
KCSP012	压感打印纸		箱	203.40	10	2 034.00	含税价
合计	人民币(大写)：贰仟零叁拾肆元整				—	2 034.00	

销售经理：吴鹏英   经手人：赵爱东   会计：刘明   签收人：

图 4-19 销售单

3203161140 **江苏增值税专用发票** No 01794265   3203161140
                                                            01794265

此联不作报销、扣税凭证使用   开票日期：

购买方	名　称：		密码区	47*3187<4/+6643<+95-59+7<489
	纳税人识别号：			3266<0-->>-6>525<055265->7*7
	地　址、电话：			87*3187<4/+8490<+59864149423
	开户行及账号：			9<712/<1+9016>3732++>84>623

货物或应税劳务、服务名称	规格型号	单位	数量	单价	金额	税率	税额
合　计							
价税合计(大写)	⊗				(小写)		

销售方	名　称：	备注	
	纳税人识别号：		
	地　址、电话：		
	开户行及账号：		

收款人：   复核：   开票人：   销售方：(章)

第一联：记账联 销售方记账凭证

图 4-20 增值税专用发票(第一联)

图 4-21 增值税专用发票(第二联)

图 4-22 增值税专用发票(第三联)

(8) 2020 年 8 月 18 日,徐州糖果食品有限公司支付货款,请根据付款申请书(见图 4-23)填制电汇凭证(支付密码:7178-2398-4657-6830;汇款方式:普通),如图 4-24、图 4-25 所示。

图 4-23 付款申请书

中国建设银行　　　电汇凭证

币别：人民币　　　　　　年　月　日　　　　　流水号：45554424

汇款方式	□普通 □加急		
汇款人 全称／账号／汇出地点／汇出行名称		收款人 全称／账号／汇入地点／汇入行名称	

金额（大写）　　　　　　　　亿千百十万千百十元角分

支付密码
附加信息及用途：

客户签章

会计主管：　　授权：　　复核：　　录入：

第一联　银行记账凭证

图 4-24　电汇凭证（第一联）

中国建设银行　　　电汇凭证

币别：人民币　　　　　　年　月　日　　　　　流水号：45554424

汇款方式	□普通 □加急		
汇款人 全称／账号／汇出地点／汇出行名称		收款人 全称／账号／汇入地点／汇入行名称	

金额（大写）　　　　　　　　亿千百十万千百十元角分

支付密码
附加信息及用途：

客户签章

会计主管：　　授权：　　复核：　　录入：

第二联　客户回单

图 4-25　电汇凭证（第二联）

（9）2020 年 8 月 19 日，徐州糖果食品有限公司申请银行汇票用于支付货款，请根据付款申请书（见图 4-26）填制银行汇（本）票申请书（付款方式：转账；支付密码：7873-1461-4507-7119），如图 4-27～图 4-29 所示。

付款申请书

2020 年 8 月19日

用途及情况	金额	收款单位(人)：连云港通江有限公司
支付货款	亿千百十万千百十元角分 ￥ 3 0 0 0 0 0 0 0	账号：41622124504686 开户行：中国建设银行连云港市连云区支行
金额（大写）合计：	人民币叁万元整	结算方式：银行汇票
总经理	李一帆	财务部门	经理	朱汇	业务部门	经理	王群忠
			会计	刘明		经办人	钟国钊

图 4-26　付款申请书

中国建设银行银行汇（本）票申请书

币别：人民币　　　　　　　　　　　　　年　月　日　　　流水号：70748554

业务类型	□银行汇票　□银行本票	付款方式	□转账　□现金	
申请人		收款人		
账　号		账　号		
用　途		代理付款行		
金额（大写）			亿千百十万千百十元角分	
客户签章				

第一联　银行记账凭证

图 4-27　银行汇（本）票申请书（第一联）

中国建设银行银行汇（本）票申请书

币别：人民币　　　　　　　　　　　　　年　月　日　　　流水号：70748554

业务类型	□银行汇票　□银行本票	付款方式	□转账　□现金	
申请人		收款人		
账　号		账　号		
用　途		代理付款行		
金额（大写）			亿千百十万千百十元角分	
客户签章				

第二联　代理签发行记账凭证

图 4-28　银行汇（本）票申请书（第二联）

中国建设银行银行汇（本）票申请书

币别：人民币　　　　　　　　　　　　　年　月　日　　　流水号：70748554

业务类型	□银行汇票　□银行本票	付款方式	□转账　□现金	
申请人		收款人		
账　号		账　号		
用　途		代理付款行		
金额（大写）			亿千百十万千百十元角分	
银行签章				

第三联　客户回单

图 4-29　银行汇（本）票申请书（第三联）

（10）2020 年 8 月 20 日，常州嘉禾有限公司张克勇交来材料编号 TYCL001 的 A 材料 200 千克及发票（见图 4-30、图 4-31），仓管员王颖宏实收 A 材料 200 千克，请填制收料单，如图 4-32～图 4-34 所示。

图 4-30　增值税专用发票（第二联）

图 4-31　增值税专用发票（第三联）

收 料 单

供应单位：　　　　　　　　　　　　　年　月　日　　　　　　　　　　　　　编号 SL075

材料编号	名　称	单位	规格	数　量		实际成本			
				应　收	实　收	单　价	发票价格	运杂费	总价
备注：									

收料人：　　　　　　　　　　　　　　　　　　　交料人：

第一联 存根联

图 4-32　收料单（第一联）

收 料 单

供应单位：　　　　　　　　　　　　　年　月　日　　　　　　　　　　　　　编号 SL075

材料编号	名　称	单位	规格	数　量		实际成本			
				应　收	实　收	单　价	发票价格	运杂费	总价
备注：									

收料人：　　　　　　　　　　　　　　　　　　　交料人：

第二联 记账联

图 4-33　收料单（第二联）

收 料 单

供应单位：　　　　　　　　　　　　　年　月　日　　　　　　　　　　　　　编号 SL075

材料编号	名　称	单位	规格	数　量		实际成本			
				应　收	实　收	单　价	发票价格	运杂费	总价
备注：									

收料人：　　　　　　　　　　　　　　　　　　　交料人：

第三联 交料人留存

图 4-34　收料单（第三联）

第五章　会计政策及相关说明

(1) 徐州糖果食品有限公司(以下简称公司)于2020年8月1日成立,为有限责任公司,是增值税一般纳税人,执行《企业会计准则》。公司下设办公室、财务部、采购部、销售门市部(专设销售机构)、生产车间。公司对外报送财务报告的相关负责人如下:企业法定代表人为刘杰,总经理为李一帆,财务经理为朱汇,出纳为苏文莹,会计为刘明。

(2) 公司的会计期间分为年度和中期,会计年度为自公历1月1日起至12月31日止,中期包括月度、季度和半年度。公司以人民币为记账本位币。

(3) 公司采用科目汇总表账务处理程序进行账务处理,按月汇总一次。

(4) 存货按实际成本法核算。原材料(白砂糖、葡萄糖、炼乳)及包装物发出计价采用月末一次加权平均法。材料的共同运费按数量分配,分配率保留2位小数,尾差计入最后一个对象。库存商品(硬糖、奶糖)发出计价采用月末一次加权平均法。发出存货单位成本保留2位小数,如有尾差计入结存存货成本。

(5) 产品成本计算采用品种法,设置直接材料、直接人工、制造费用三个成本项目。其中:① 原材料在生产开始时一次性投入;共同耗用的材料按产品产量比例进行分配,分配率保留2位小数,尾差计入最后一个对象。② 工资分配(不考虑个人扣款部分)按实际生产工时进行分配,分配率保留2位小数,尾差计入最后一个对象。③ 制造费用按生产工时比例在各种产品之间分配,分配率保留2位小数,尾差计入最后一个对象。④ 当月生产产品全部完工,无期初、期末在产品。

(6) 固定资产折旧采用年限平均法,净残值率为4%,折旧年限分别如下:房屋及建筑物20年、生产设备10年、运输工具4年、电子设备3年,折旧率保留4位小数(采用小数点的形式),月折旧额保留2位小数。

(7) 期间费用(电费等)按实际用量进行分摊。

(8) 公司适用的增值税税率为13%,会计处理时各期确认的"应交税费——应交增值税(进项税额)"科目金额应当与当期增值税纳税申报表保持口径一致;公司的增值税专用发票符合抵扣规定的均于取得当天办理勾选确认。城市维护建设税税率为7%;教育费附加征收率为3%;地方教育附加征收率为2%。

(9) 企业所得税税率为25%,按本月实际利润额计算预缴本月企业所得税。

(10) 需要开设的总账科目,如表5-1所示。

(11) 明细科目按照需要全部开设。

(12) 建账格式要求如表5-2所示。

表 5-1　开设总账科目

总账科目	开设时间
库存现金	2020 年 8 月
银行存款	2020 年 8 月
应收账款	2020 年 8 月
预付账款	2020 年 8 月
其他应收款	2020 年 8 月
在途物资	2020 年 9 月
原材料	2020 年 8 月
库存商品	2020 年 8 月
固定资产	2020 年 8 月
累计折旧	2020 年 9 月
短期借款	2020 年 8 月
应付账款	2020 年 8 月
预收账款	2020 年 9 月
应付职工薪酬	2020 年 8 月
应交税费	2020 年 8 月
应付利息	2020 年 8 月
实收资本	2020 年 8 月
本年利润	2020 年 8 月
生产成本	2020 年 8 月
制造费用	2020 年 8 月
主营业务收入	2020 年 8 月
其他业务收入	2020 年 9 月
营业外收入	2020 年 8 月
主营业务成本	2020 年 8 月
其他业务成本	2020 年 9 月
税金及附加	2020 年 9 月
销售费用	2020 年 8 月
管理费用	2020 年 8 月
财务费用	2020 年 8 月
营业外支出	2020 年 8 月
所得税费用	2020 年 8 月

表 5-2　建账格式

账簿名称	格式要求	说明
总账	三栏式账页	总账
现金日记账	三栏式账页	日记账
银行存款日记账（2个账户）	三栏式账页	日记账
原材料——白砂糖	数量金额式账页	明细账
原材料——葡萄糖	数量金额式账页	明细账
原材料——炼乳	数量金额式账页	明细账
库存商品——硬糖	数量金额式账页	明细账
库存商品——奶糖	数量金额式账页	明细账
生产成本——硬糖	多栏式账页	明细账
生产成本——奶糖	多栏式账页	明细账
制造费用	多栏式账页	明细账
管理费用	多栏式账页	明细账
销售费用	多栏式账页	明细账
财务费用	多栏式账页	明细账
主营业务收入——硬糖	多栏式账页	明细账
主营业务收入——奶糖	多栏式账页	明细账
主营业务成本——硬糖	多栏式账页	明细账
主营业务成本——奶糖	多栏式账页	明细账
应交税费——应交增值税	多栏式账页（专用）	明细账
其他账户	三栏式	明细账

第六章　业务内容及实训要求

一、2020年8月份

1. 业务内容

(1) 8月1日,收到徐州万城有限公司投入资金1 000 000元,存入银行。

(2) 8月1日,向银行借入3个月的借款100 000元,年借款利率6%。

(3) 8月2日,提取备用金2 000元,开出一张现金支票。

(4) 8月5日,采购部钟国钊出差预借差旅费1 500元,以现金支付。

(5) 8月10日,向徐州紫光有限公司购买白砂糖1 000千克,单价10元,增值税1 300元,价税合计11 300元,取得增值税专用发票,款项开出转账支票支付,材料已入库。

(6) 8月10日,向常州嘉禾有限公司购买葡萄糖3 000千克,单价5元,炼乳1 000千克,单价20元,金额共计35 000元,增值税4 550元,材料已入库,款未付,供应商代垫运费400元,增值税36元。

(7) 8月11日,采购部钟国钊报销差旅费1 299元,退回多余款201元。

(8) 8月12日,向南通光华有限公司购进一条生产线,单价140 000元,增值税18 200元,共158 200元,运费500元,增值税45元,并取得增值税发票,款已付。

(9) 8月13日,向恬程电子科技有限公司购入1.5P格力空调2台,单价3 000元,增值税780元,共6 780元,已收到增值税专用发票,已支付货款。

(10) 8月14日,收到王颖宏交来的罚款,现金100元。

(11) 8月15日,支付华信传媒服务有限公司的电视广告发布会费用21 698.11元,增值税1 301.89元,并收到增值税发票,款项已经支付。

(12) 8月16日,支付徐州海天酒店有限公司的餐费共1 200元,并取得增值税普通发票。

(13) 8月18日,支付环保局罚款支出共300元,开出转账支票支付。

(14) 8月20日,支付水费840元,增值税25.2元,共865.2元,污水处理费440元,共计1 305.2元,并分配水费。

(15) 8月20日,预付电费4 000元,对方已收款。

(16) 8月21日,取得江苏省电力股份有限公司徐州市分公司电费增值税专用发票共1 695元,并分配电费。

(17) 8月31日,计提本月短期借款利息。

(18) 8月31日,汇总发出原材料成本。

(19) 8月31日,按产品生产工时,分配并结转工资。

(20) 8月31日,分配结转制造费用。

(21) 8月31日,计算并结转完工产品成本。

(22) 8月31日,向中祥销售有限公司销售硬糖1 400千克,单价40元,奶糖1 500千克,单价50元,共计131 000元,增值税17 030元,款项尚未收到。

(23) 8月31日,结转本月已销产品成本。

(24) 8月31日,计算并结转本月应交所得税。

(25) 8月31日,结转损益类账户。

2. 实训要求

(1) 根据上述8月份业务内容(原始凭证参见附录一)编制通用记账凭证(如果同一编号的经济业务需要编制一张以上记账凭证,一律采用分数编号法)及相关原始凭证。

(2) 根据会计凭证登记8月份明细分类账和日记账并结账。

(3) 根据记账凭证编制8月份科目汇总表(见附录一附件一)。

(4) 根据科目汇总表登记8月份总分类账并结账。

(5) 编制该公司2020年8月31日资产负债表(见附录一附件二)。

(6) 编制该公司2020年8月份利润表(见附录一附件三)。

(7) 整理装订8月份会计凭证。

二、2020年9月份

1. 业务内容

(1) 9月1日,开出转账支票,向常州嘉禾有限公司支付货款39 986元。

(2) 9月1日,向常州顺华有限公司购进白砂糖2 000千克,单价10元,共计20 000元,增值税2 600元,取得增值税专用发票,款已付,材料未到。

(3) 9月3日,9月1日向常州顺华有限公司购进的白砂糖,验收入库。

(4) 9月4日,向徐州常峰有限公司购进葡萄糖2 000千克,单价5元,共计10 000元,增值税1 300元;购进炼乳2 000千克,单价20元,共计40 000元,增值税5 200元;取得增值税专用发票,款已付,材料已验收入库。

(5) 9月5日,向南京河海食品有限公司销售奶糖100千克,单价50元,共计5 000元,增值税650元,开出增值税专用发票,款已收。

(6) 9月8日,收到中祥销售有限公司所欠货款148 030元。

(7) 9月10日,缴纳企业所得税4 174.23元。

(8) 9月10日,发放工资49 500元。

(9) 9月12日,向福州信华办公用品有限公司购进票据夹5个,单价5.5元,共计27.5元;购进金枝圆珠笔(多色)100支,单价2.5元,共计250元;购进佳能墨粉(黑色)3盒,单价300元,共计900元;增值税共153.08元;取得增值税专用发票,款已付。

(10) 9月14日,向徐州中凯有限公司销售炼乳90千克,单价25元,共计2 250元,增值税292.50元,开出增值税专用发票。因特殊原因,经银行同意,款项通过现金收讫。

(11) 9月14日,向中国建设银行徐州市泉山区支行存现金2 542.50元。

(12) 9月15日,向徐州海天酒店有限公司支付餐费1 500元,取得增值税普通发票。

(13) 9月16日,生产车间主任伊翔报销差旅费2 408元,款项以银行存款支付。

(14) 9月21日,支付水费和污水处理费共计1 174.68元,其中,增值税专用发票上注明的税款22.68元,款项以银行存款支付;水费和污水处理费由办公室、销售门市和生产车间分别按其实际用量分摊。

(15) 9月21日,取得江苏省电力股份有限公司徐州市分公司电费增值税专用发票共1 808元,并分配电费。

(16) 9月30日,月末计提短期借款利息支出500元。

(17) 9月30日,固定资产计提折旧,其中,归属于生产车间的折旧费1 124元,归属于办公室的折旧费160.2元。

(18) 9月30日,汇总发出原材料。

(19) 9月30日,计提工资,其中,办公室、财务部与采购部共计30 000元;销售门市4 000元,生产车间主任4 000元,生产工人工资按照硬糖和奶糖的生产工时分摊。

(20) 9月30日,按照硬糖和奶糖的生产工时分摊、结转制造费用。

(21) 9月30日,产品完工入库,结转生产成本。

(22) 9月30日,向中祥销售有限公司销售硬糖2 000千克,单价40元,共计80 000元;销售奶糖2 200千克,单价50元,共计110 000元;开出增值税专用发票,注明的税款24 700元;并以现金垫付运费218元,所有款项均未收。

(23) 9月30日,结转已销售产品成本。

(24) 9月30日,收到天江有限公司预付的货款20 000元。

(25) 9月30日,计算本月未交增值税。

(26) 9月30日,计算结转本月城市维护建设税、教育费附加、地方教育附加。

(27) 9月30日,计算并结转本月应交所得税。

(28) 9月30日,月末结转损益类账户。

2. 实训要求

(1) 根据上述9月份业务内容(原始凭证参见附录二)编制通用记账凭证(如果同一编号的经济业务需要编制一张以上记账凭证,一律采用分数编号法)及相关原始凭证。

(2) 根据会计凭证登记9月份明细分类账和日记账并结账。

(3) 根据记账凭证编制9月份科目汇总表(见附录二附件一)。

(4) 根据科目汇总表登记9月份总分类账并结账。

(5) 编制该公司2020年9月30日资产负债表(见附录二附件二)。

(6) 编制该公司2020年9月份利润表(见附录二附件三)。

(7) 整理装订9月份会计凭证。

附录一　2020年8月份业务凭证

【业务1】 2020年8月1日,取得原始凭证2张。

股东会决议

经全体股东审议,将本公司注册资本由0.00元增加至1 000 000.00元,一致通过如下决议。

一、增资股东身份情况

（略）

二、增资股东出资情况

股东名称	认缴新增注册资本	认缴比例	实际出资金额	实际出资额占全体股东出资额比例	出资到位日期	出资方式
徐州万城有限公司	1 000 000.00	100.00%	1 000 000.00	100.00%	2020-08-01	货币资金

三、增资后各股东持股比例

股东名称	实际出资情况			
	变更前		变更后	
	金额	所占份额	金额	所占份额
徐州万城有限公司	0.00	0%	1 000 000.00	100.00%

股东代表签字:周继敏　　　　　　　　　　　　　　　2020年08月01日

中国建设银行客户专用回单

币别：人民币　　　　　2020 年 08 月 01 日　　　流水号 320320027J0500810087

付款人	全称	徐州万城有限公司	收款人	全称	徐州糖果食品有限公司
	账号	41622124436772		账号	41622196583214
	开户行	中国建设银行徐州市鼓楼区支行		开户行	中国建设银行徐州市泉山区支行
金额	（大写）人民币壹佰万元整			（小写）¥1 000 000.00	
凭证种类	网银		凭证号码		
结算方式	转账		用途	投资款	

打印柜员：320325584257
打印机构：中国建设银行徐州市泉山区支行
打印卡号：41622196583214

（中国建设银行电子回单专用章）

打印时间：2020-08-01　　交易柜员：320325584268　　交易机构：320383267

【业务2】2020 年 8 月 1 日，取得原始凭证 1 张。

借 款 借 据

单位编号：05276071　　借款日期 2020 年 08 月 01 日　　合同编号：00093

收款单位	名称	徐州糖果食品有限公司	借款单位	名称	徐州糖果食品有限公司
	结算户账号	41622196583214		贷款户账号	41924996954450
	开户银行	中国银行徐州市泉山区支行		开户银行	中国银行徐州市泉山区支行

借款金额	人民币壹拾万元整		亿千百十万千百十元角分
			¥100 000 00

借款原因及用途	流动资金不足	批准借款利率	年息 6.00 %

借款期限			
期次	计划还款日期	√	计划还款金额
1	2020-11-01		100 000.00 元
2			
3			
备注			

你单位上列借款，已转入你单位结算户内。借款到期时由我行按期自你单位结算户转讫。

此致

2020-08-01　转讫（01）

借款单位（盖章：徐州糖果食品有限公司）

刘杰（银行盖章）

【业务3】 2020年8月2日,取得原始凭证1张。

【业务4】 2020年8月5日,取得原始凭证1张。

借 款 单

2020 年 08 月 05 日　　　　　　　　　　　　　　　　　　NO 02857

借款人:钟国钊	所属部门:采购部
借款用途:出差借款	现金付讫
借款金额:人民币(大写)壹仟伍佰元整	￥1 500.00
部门负责人审批:同意　王群忠 2020-08-05	借款人(签章):钟国钊 2020-08-05
财务部门审核:同意　朱汇 2020-08-05	
单位负责人批示:同意	签字:李一帆 2020-08-05
核销记录:	

【业务5】 2020年8月10日，取得原始凭证4张。

江苏增值税专用发票（抵扣联）

3203161140　　No 31306529

开票日期：2020年08月10日

购买方
- 名称：徐州糖果食品有限公司
- 纳税人识别号：913203111625017724
- 地址、电话：江苏省徐州市泉山区杨玉街刘英路53号　0516-81699081
- 开户行及账号：中国建设银行徐州市泉山区支行　41622196583214

密码区：34*3187<4/+9693<+95-59+7<921 5075<0—>>—6>525<750747—>7*7 87*3187<4/+8490<+27055871305 7+<712/<1+9016>4350++>84>574

货物或应税劳务、服务名称	规格型号	单位	数量	单价	金额	税率	税额
白砂糖		kg	1 000	10	10 000.00	13%	1 300.00
合　计					¥ 10 000.00		¥ 1 300.00

价税合计（大写）：壹万壹仟叁佰元整　（小写）¥ 11 300.00

销售方
- 名称：徐州紫光有限公司
- 纳税人识别号：913203024127832922
- 地址、电话：江苏省徐州市鼓楼区程富街李彦路35号　0516-45130628
- 开户行及账号：中国建设银行徐州市鼓楼区支行　41622124226332

收款人：　复核：　开票人：郭素琴　销售方：（章）

（发票专用章：徐州紫光有限公司 913203024127832922）

江苏增值税专用发票（发票联）

3203161140　　No 31306529

开票日期：2020年08月10日

购买方
- 名称：徐州糖果食品有限公司
- 纳税人识别号：913203111625017724
- 地址、电话：江苏省徐州市泉山区杨玉街刘英路53号　0516-81699081
- 开户行及账号：中国建设银行徐州市泉山区支行　41622196583214

密码区：34*3187<4/+9693<+95-59+7<921 5075<0—>>—6>525<750747—>7*7 87*3187<4/+8490<+27055871305 7+<712/<1+9016>4350++>84>574

货物或应税劳务、服务名称	规格型号	单位	数量	单价	金额	税率	税额
白砂糖		kg	1 000	10	10 000.00	13%	1 300.00
合　计					¥ 10 000.00		¥ 1 300.00

价税合计（大写）：壹万壹仟叁佰元整　（小写）¥ 11 300.00

销售方
- 名称：徐州紫光有限公司
- 纳税人识别号：913203024127832922
- 地址、电话：江苏省徐州市鼓楼区程富街李彦路35号　0516-45130628
- 开户行及账号：中国建设银行徐州市鼓楼区支行　41622124226332

收款人：　复核：　开票人：郭素琴　销售方：（章）

（发票专用章：徐州紫光有限公司 913203024127832922）

收 料 单

供应单位：徐州紫光有限公司　　2020年08月10日　　编号 SL078

材料编号	名称	单位	规格	数量（应收）	数量（实收）	单价	实际成本（发票价格）	实际成本（运杂费）	实际成本（总价）
	白砂糖	kg		1 000	1 000				

备注：

收料人：王颖宏　　　　　　　交料人：孙岩

中国建设银行
转账支票存根
10503226
00001706

附加信息付款行账号：
41622196583214

出票日期 2020 年 08 月 10 日

收款人	徐州紫光有限公司
金　额	￥11 300.00
用　途	支付货款

单位主管　　　　会计

【业务6】 2020 年 8 月 10 日，取得原始凭证 6 张。

江苏增值税专用发票

3204161140　　　　　　　　　　　　　　　　No 27382088　　3204161140
　　　　　　　　　　　　　抵扣联　　　　　　　　　　　　　27382088

开票日期：2020年08月10日

购买方	名　　　称：徐州糖果食品有限公司 纳税人识别号：913203111625017724 地　址、电　话：江苏省徐州市泉山区杨玉街刘英路53号 0516-81699081 开户行及账号：中国建设银行徐州市泉山区支行 41622196583214	密码区	43*3187<4/+6730<+95-59+7<270 0245<0—>>-6)525<913502->7*7 87*3187<4/+8490<+58219549432 7+<712/<1+9016>4681++>84>032

货物或应税劳务、服务名称	规格型号	单位	数量	单价	金　额	税率	税　额
葡萄糖		kg	3 000	5	15 000.00	13%	1 950.00
炼乳		kg	1 000	20	20 000.00	13%	2 600.00
合　计					￥35 000.00		￥4 550.00

价税合计（大写）　⊗ 叁万玖仟伍佰伍拾元整　　　　　　（小写）￥39 550.00

销售方	名　　　称：常州嘉禾有限公司 纳税人识别号：913204112995245444 地　址、电　话：江苏省常州市新北区禁会街易平路55号 0519-81253741 开户行及账号：中国建设银行常州市新北区支行 41622124325198	备注	 常州嘉禾有限公司 913204112995245444 发票专用章

收款人：　　　复核：　　　开票人：卢占良　　　销售方：（章）

江苏增值税专用发票

3204161140　　　　　　　　　　　　　　　　No 16670684　　3204161140
　　　　　　　　　　　　　　　　　　　　　　　　　　　　　16670684

开票日期：2020年08月10日

购买方	名　称：徐州糖果食品有限公司 纳税人识别号：913203111625017724 地　址、电　话：江苏省徐州市泉山区杨玉街刘英路53号　0516-81699081 开户行及账号：中国建设银行徐州市泉山区支行　41622196583214	密码区	11*3187<4/+7335<+95-59+7<014 3298<0—>>-6>525<133253->7*7 87*3187<4/+8490<+72169864134 9+<712/<1+9016>3032++>84>454

货物或应税劳务、服务名称	规格型号	单位	数量	单价	金额	税率	税额
运费			1	400.00	400.00	9%	36.00
供应商垫付							
合　计					¥400.00		¥36.00
价税合计（大写）	⊗ 肆佰叁拾陆元整				（小写）¥436.00		

销售方	名　称：常州快通物流有限公司 纳税人识别号：913204028841770392 地　址、电　话：江苏省常州市天宁区宋立街马明路58号　0519-84882204 开户行及账号：中国建设银行常州市天宁区支行　41622124207791	备注	车牌号：苏A37781　货物名称：葡萄糖、炼乳 913204028841770392

收款人：　　　复核：　　　开票人：吴梅娟　　　销售方：（章）

运输费用分配表

2020-08-10　　　　　　　　　　　　　　　　　　　　　　　单位：元

货物名称	运费分配率	运费分配金额
葡萄糖		
炼乳		
合计		

审核：朱汇　　　　　　　　　　　　　　　　　　　　编制：刘明

【业务7】 2020 年 8 月 11 日,取得原始凭证 8 张。

借 款 单

2020 年 08 月 05 日　　　　　　　　　　　　　　NO 02857

借款人:钟国钊	所属部门:采购部
借款用途:出差借款	现金付讫
借款金额:人民币(大写)壹仟伍佰元整	¥1 500.00
部门负责人审批:同意　王群忠 2020-08-05	借款人(签章):钟国钊 2020-08-05
财务部门审核:同意　朱汇 2020-08-05	
单位负责人批示:同意	签字:李一帆 2020-08-05
核销记录:退回 201.00	

第二联　结算联(结算后记账)

收 款 收 据

2020 年 08 月 11 日　　　　　　　　　　　　　　NO.000824

今收到钟国钊

交来:还款　　　　　　　　　　　　　　　现金收讫

金额(大写)零佰　零拾　零万　零仟　贰佰　零拾　壹元　零角　零分

¥201.00　　☑现金　　□转账支票　　□其他　　收款单位(盖章)

核准:　　会计:　　记账:　　出纳:苏文莹　　经手人:钟国钊

第三联　交财务

差旅费报销单

2020 年 08 月 11 日　　　　　　　　　　　　附原始单据 5 张

姓名	钟国钊		工作部门		采购部		出差事由			洽谈商务			
	日期		地点		车船费			深夜补贴	途中补贴	住勤费		住宿费	公交费	金额合计
	起	讫	起	讫	车次或船名	时间	金额			地区	天数	补贴			
	08月06日	08月08日	徐州市	南京市			399.00			南京市	3	300.00	600.00		1 299.00
						现金收讫									

报销金额(大写)人民币	壹仟贰佰玖拾玖元整		合计(小写)¥1 299.00
补付金额:		退回金额:¥201.00	
领导批准:李一帆　会计主管:朱汇　部门负责人:王群忠　审核:刘明　报销人:钟国钊			

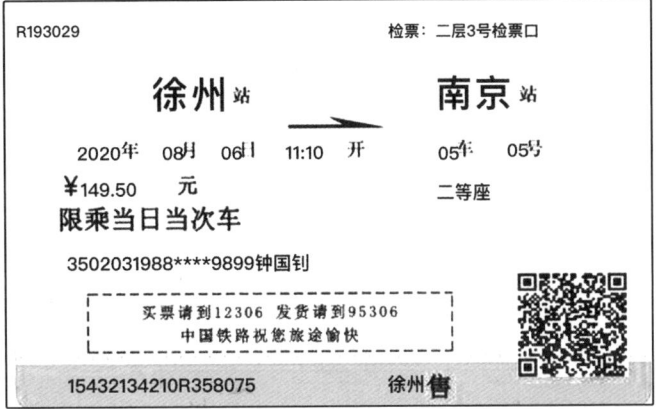

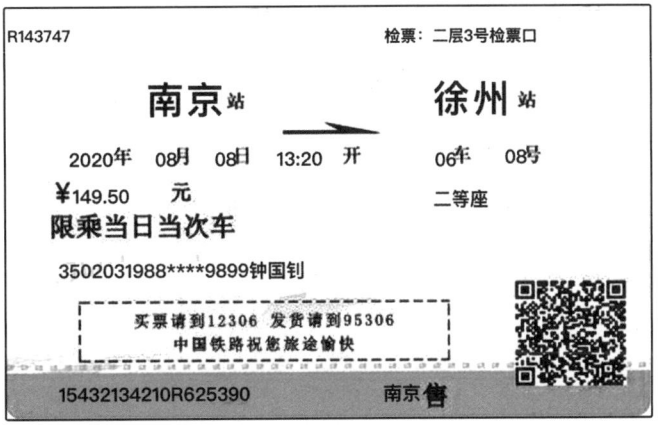

【业务8】 2020年8月12日,取得原始凭证7张。

3206161140	江苏增值税专用发票	No 40491771	3206161140 40491771

抵扣联

开票日期:2020年08月12日

购买方	名称:徐州糖果食品有限公司 纳税人识别号:913203111625017724 地址、电话:江苏省徐州市泉山区杨玉街刘英路53号 0516-81699081 开户行及账号:中国建设银行徐州市泉山支行 41622196583214	密码区	86*3187<4/+0117<+95-59+7<460 5556<0—>>6>525<465438->7*7 87*3187<4/+8490<+73885967372 8<712/<1+9016>4640++>84>316

货物或应税劳务、服务名称	规格型号	单位	数量	单价	金额	税率	税额
生产线		条	1	140 000.00	140 000.00	13%	18 200.00
合 计					¥140 000.00		¥18 200.00
价税合计(大写)	⊗ 壹拾伍万捌仟贰佰元整				(小写) ¥158 200.00		

销售方	名称:南通光华有限公司 纳税人识别号:913206029017531683 地址、电话:江苏省南通市崇川区26街74路37号 0513-21220836 开户行及账号:中国建设银行南通市崇川支行 41622124305870	备注	南通光华有限公司 913206029017531683 发票专用章

收款人: 复核: 开票人:赵天俊 销售方:(章)

江苏增值税专用发票

No 40491771

3206161140
40491771

开票日期：2020年08月12日

购买方	名称：徐州糖果食品有限公司 纳税人识别号：913203111625017724 地址、电话：江苏省徐州市泉山区杨玉街刘英路53号 0516-81699081 开户行及账号：中国建设银行徐州市泉山区支行 41622196583214	密码区	86*3187<4/+0117<+95-59+7<460 5556<0—>>-6>525<4654 38->7*7 87*3187<4/+8490<+73885967372 8+<712/<1+9016<4640++>84>316

货物或应税劳务、服务名称	规格型号	单位	数量	单价	金额	税率	税额
生产线		条	1	140 000.00	140 000.00	13%	18 200.00
合计					￥140 000.00		￥18 200.00
价税合计（大写）	壹拾伍万捌仟贰佰元整				（小写） ￥158 200.00		

销售方	名称：南通光华有限公司 纳税人识别号：913206029017531683 地址、电话：江苏省南通市崇川区26街74路37号 0513-21220836 开户行及账号：中国建设银行南通市崇川区支行 41622124305870	备注	南通光华有限公司 913206029017531683 发票专用章

收款人： 复核： 开票人：赵天俊 销售方：（章）

第三联：发票联 购买方记账凭证

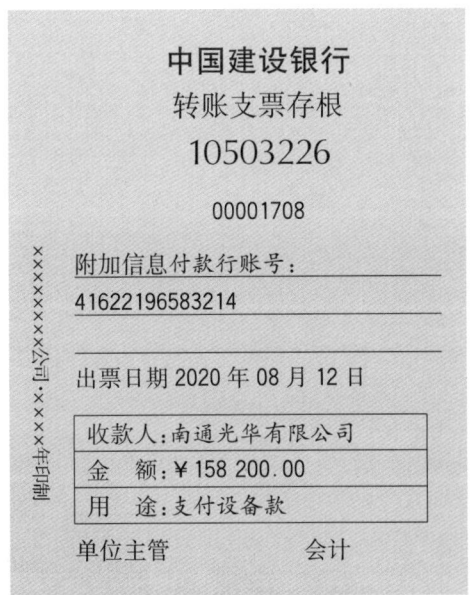

中国建设银行
转账支票存根
10503226
00001708

附加信息付款行账号：
41622196583214

出票日期 2020 年 08 月 12 日
收款人：南通光华有限公司
金　额：￥158 200.00
用　途：支付设备款

单位主管　　会计

新增固定资产登记表
2020 年 08 月 12 日

资产名称	种类	单位	数量	购入日期	投入使用日期	使用部门
生产线	生产设备	条	1	2020-08-12	2020-08-12	生产车间

制表人：刘明　　　　　　　　　　　　　　　　　　　　　复核人：朱汇

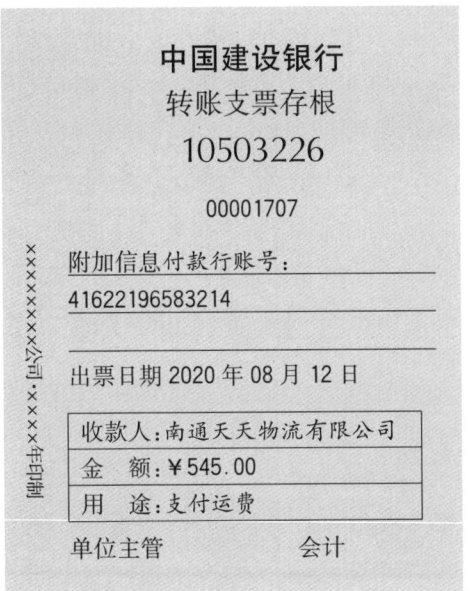

【业务9】 2020 年 8 月 13 日，取得原始凭证 4 张。

北京增值税专用发票

  1101161140   No 00899074   1101161140 / 00899074

开票日期：2020年08月13日

购买方
名称：徐州糖果食品有限公司
纳税人识别号：913203111625017724
地址、电话：江苏省徐州市泉山区杨玉街刘英路53号 0516-81699081
开户行及账号：中国建设银行徐州市泉山区支行 41622196583214

密码区：
17*3187<4/+6322<+95-59+7<138
9266<0—>>-6>525<503935->7*7
87*3187<4/+8490<+54986556138
6+<712/<1+9016<4965++>84>584

货物或应税劳务、服务名称	规格型号	单位	数量	单价	金额	税率	税额
1.5P格力空调		台	2	3 000.00	6 000.00	13%	780.00
合计					¥6 000.00		¥780.00

价税合计（大写）：⊗陆仟柒佰捌拾元整   （小写）¥6 780.00

销售方
名称：恬程电子科技有限公司
纳税人识别号：911101121289238104
地址、电话：北京市通州区21街58路30号 010-27140209
开户行及账号：中国建设银行北京市通州区支行 41622124574744

备注：（发票专用章 911101121289238104）

收款人：   复核：   开票人：杨红雨   销售方：（章）

中国建设银行 转账支票存根

10503226

00001709

附加信息付款行账号：
41622196583214

出票日期 2020 年 08 月 13 日
收款人：恬程电子科技有限公司
金额：¥6 780.00
用途：支付设备款

单位主管   会计

新增固定资产登记表
2020 年 08 月 13 日

资产名称	种类	单位	数量	购入日期	投入使用日期	使用部门
1.5P格力空调	电子设备	台	2	2020-08-13	2020-08-13	办公室

制表人：刘明   复核人：朱汇

【业务10】2020年8月14日,取得原始凭证1张。

收 款 收 据

NO.000824

2020 年 08 月 14 日

今 收 到：王颖宏

交 来：罚款

金额（大写）：零佰 零拾 零万 零仟 壹佰 零拾 零元 零角 零分

¥ 100.00 ☑现金 □转账支票 □其他

现金收讫

第三联 交财务

收款单位（盖章）

核准：　会计：　记账：　出纳：苏文莹　经手人：王颖宏

【业务11】2020年8月15日,取得原始凭证3张。

北京增值税专用发票

1101151140　　抵扣联　　No 79317613　　1101151140　79317613

开票日期：2020年08月15日

购买方	名　　称：徐州糖果食品有限公司 纳税人识别号：913203111625017724 地　址、电　话：江苏省徐州市泉山区杨王街刘英路53号 0516-81699081 开户行及账号：中国建设银行徐州市泉山区支行 41622196583214	密码区	21*3187<4/+7777<+95-59+7<517 7404<0—>>-6>525<971977->7*7 87<3187<4/+8490<+96613108286 3+<712/<1+9016>5603++>84>433

货物或应税劳务、服务名称	规格型号	单位	数量	单价	金　额	税率	税额
电视广告发布费		笔	1	21 698.11	21 698.11	6%	1 301.89
合　计					¥21 698.11		¥1 301.89
价税合计（大写）	⊗ 贰万叁仟元整				（小写）¥23 000.00		

销售方	名　　称：华信传媒服务有限公司 纳税人识别号：91110101666716838 地　址、电　话：北京市东城区20街08路05号 010-15329966 开户行及账号：中国建设银行北京市东城区支行 41622124216061	备注	华信传媒服务有限公司 91110101666716838 发票专用章

收款人：　复核：　开票人：张丽丽　销售方（章）

第二联：抵扣联 购买方扣税凭证

北京增值税专用发票

1101151140　　　　No 79317613　　1101151140 79317613

开票日期：2020年08月15日

购买方	名称：徐州糖果食品有限公司 纳税人识别号：91320311625017724 地址、电话：江苏省徐州市泉山区杨玉街刘英路53号 0516-81699081 开户行及账号：中国建设银行徐州市泉山区支行 41622196583214	密码区	21*3187<4/+7777<+95-59+7<517 7404<0—>>-6>525<971977->7*7 87*3187<4/+8490<+96613108286 3+<712/<1+9016>5603++>84>433

货物或应税劳务、服务名称	规格型号	单位	数量	单价	金额	税率	税额
电视广告发布费		笔	1	21 698.11	21 698.11	6%	1 301.89
合　计					¥21 698.11		¥1 301.89

价税合计（大写）　　◎ 贰万叁仟元整　　　　　　（小写）¥23 000.00

销售方	名称：华信传媒服务有限公司 纳税人识别号：91110101666716863 地址、电话：北京市东城区20街08路05号 010-15329966 开户行及账号：中国建设银行北京市东城区支行 41622124216061	备注	

收款人：　　　复核：　　　开票人：张丽丽　　　销售方：（章）

中国建设银行客户专用回单

币别：人民币　　　2020年08月15日　　流水号 320320027J0500810073

付款人	全称	徐州糖果食品有限公司	收款人	全称	华信传媒服务有限公司
	账号	41622196583214		账号	41622124216061
	开户行	中国建设银行徐州市泉山区支行		开户行	中国建设银行北京市东城区支行
金额	（大写）人民币贰万叁仟元整			（小写）¥23000.00	
凭证种类	网银		凭证号码		
结算方式	转账		用途	支付广告宣传费	

打印柜员：320325584257
打印机构：中国建设银行徐州市泉山区支行
打印卡号：41622196583214

打印时间：2020-08-15　　交易柜员：320325584268　　交易机构：320310514

【业务12】 2020年8月16日,取得原始凭证2张。

中国建设银行客户专用回单

币别：人民币　　　　　　2020 年 08 月 16 日　　　流水号 320320027J0500810091

付款人	全称	徐州糖果食品有限公司	收款人	全称	徐州海天酒店有限公司
	账号	41622196583214		账号	41622124451208
	开户行	中国建设银行徐州市泉山区支行		开户行	中国建设银行徐州市鼓楼区支行
金额	（大写）人民币壹仟贰佰元整			（小写）¥1 200.00	
凭证种类	网银		凭证号码		
结算方式	转账		用途	招待客户餐费	

打印柜员：320325584257
打印机构：中国建设银行徐州市泉山区支行
打印卡号：41622196583214

（中国建设银行回单专用章）

打印时间：2020-08-16　　交易柜员：320325584268　　交易机构：320310576

第一联 借方（回单）

3203161140　　**江苏增值税普通发票**　　No 05820423　　3203161140 05820423

检验码：36203 26550 81212 34008　　　　　　　　　　开票日期：2020年08月16日

购买方	名称：徐州糖果食品有限公司 纳税人识别号：913203111625017724 地址、电话：江苏省徐州市泉山区杨玉街刘英路53号 0516-81699081 开户行及账号：中国建设银行徐州市泉山区支行 41622196583214	密码区	16*3187<4/+0496<+95-59+7<314 2662<0—>>-6>525<466316->7*7 87*3187<4/+8490<+91574676574 6+<712/<1+9016>3116++>84>590

货物或应税劳务、服务名称	规格型号	单位	数量	单价	金额	税率	税额
餐费		桌	1	1 132.08	1 132.08	6%	67.92
合计					¥1 132.08		¥67.92
价税合计（大写）	⊗壹仟贰佰元整				（小写）¥1 200.00		

销售方	名称：徐州海天酒店有限公司 纳税人识别号：913203027886979364 地址、电话：江苏省徐州市鼓楼区张英街刘铁路40号 0516-56724584 开户行及账号：中国建设银行徐州市鼓楼区支行 41622124451208	备注	（徐州海天酒店有限公司 发票专用章 913203027886979364）

收款人：　　　复核：　　　开票人：李越　　　销售方：（章）

第二联：发票联 购买方记账凭证

【业务 13】 2020 年 8 月 18 日，取得原始凭证 2 张。

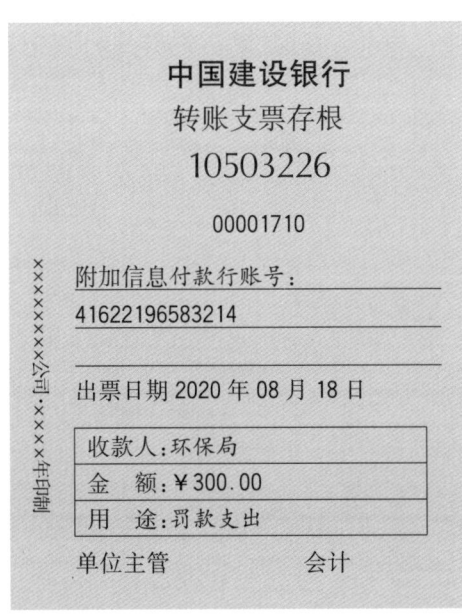

【业务14】 2020 年 8 月 20 日，取得原始凭证 5 张。

江苏增值税专用发票（抵扣联）

3203165140　　No 8710016　　3203161140 8710016

开票日期：2020年08月20日

购买方	名　称：徐州糖果食品有限公司
	纳税人识别号：913203111625017724
	地　址、电　话：江苏省徐州市泉山区杨玉街刘英路53号 0516-81699081
	开户行及账号：中国建设银行徐州市泉山区支行 41622196583214

密码区：
77*3187<4/+4670<+95-59+7<268
7320<0—>>-6>525<356267->7*7
87*3187<4/+8490<+17305810383
3+<712/<1+9016>0910++>84>285

货物或应税劳务、服务名称	规格型号	单位	数量	单价	金　额	税率	税　额
水费		吨	200	4.20	840.00	3%	25.20
合　计					¥840.00		¥25.20

价税合计（大写）　捌佰陆拾伍元贰角整　（小写）¥865.20

销售方	名　称：江苏水务股份有限公司
	纳税人识别号：913203111167476863
	地　址、电　话：江苏省徐州市泉山区解红街胡春路01号 0516-246439372
	开户行及账号：中国建设银行徐州市泉山区支行 41621526485817

备注：江苏水务股份有限公司 913203111167476863 发票专用章

收款人：　　复核：　　开票人：肖丽华　　销售方：（章）

第二联：抵扣联　购买方扣税凭证

江苏增值税专用发票（发票联）

3203165140　　No 8710016　　3203161140 8710016

开票日期：2020年08月20日

购买方	名　称：徐州糖果食品有限公司
	纳税人识别号：913203111625017724
	地　址、电　话：江苏省徐州市泉山区杨玉街刘英路53号 0516-81699081
	开户行及账号：中国建设银行徐州市泉山区支行 41622196583214

密码区：
77*3187<4/+4670<+95-59+7<268
7320<0—>>-6>525<356267->7*7
87*3187<4/+8490<+17305810383
3+<712/<1+9016>0910++>84>285

货物或应税劳务、服务名称	规格型号	单位	数量	单价	金　额	税率	税　额
水费		吨	200	4.20	840.00	3%	25.20
合　计					¥840.00		¥25.20

价税合计（大写）　捌佰陆拾伍元贰角整　（小写）¥865.20

销售方	名　称：江苏水务股份有限公司
	纳税人识别号：913203111167476863
	地　址、电　话：江苏省徐州市泉山区解红街胡春路01号 0516-246439372
	开户行及账号：中国建设银行徐州市泉山区支行 41621526485817

备注：江苏水务股份有限公司 913203111167476863 发票专用章

收款人：　　复核：　　开票人：肖丽华　　销售方：（章）

第三联：发票联　购买方记账凭证

2020 年 8 月份业务凭证

费用分配表

2020-08-20　　　　　　　　　　　　　　　　　　　　　　　　单位：元

部门	实际用量(吨)	水费分摊金额	污水处理费分摊金额	合计
办公室	60			
销售门市	50			
生产车间	90			
合计	200			

制表：　　　　　　　　　　　　　　　　　审核：

【业务15】 2020年8月20日，取得原始凭证2张。

中国建设银行客户专用回单

币别：人民币　　　　2020年08月20日　　流水号 320320027J0500810091

付款人	全称	徐州糖果食品有限公司	收款人	全称	江苏省电力股份有限公司徐州市分公司
	账号	41622196583214		账号	41247650539506
	开户行	中国建设银行徐州市泉山区支行		开户行	中国建设银行徐州市泉山区支行
金额	（大写）人民币肆仟元整			（小写）¥4 000.00	
凭证种类	网银		凭证号码		
结算方式	转账		用途	预付电费	

打印柜员：320325584257
打印机构：中国建设银行徐州市泉山区支行
打印卡号：41622196583214

（中国建设银行 电子回单 专用章）

打印时间：2020-08-20　交易柜员：320325584268　交易机构：320310500541183646

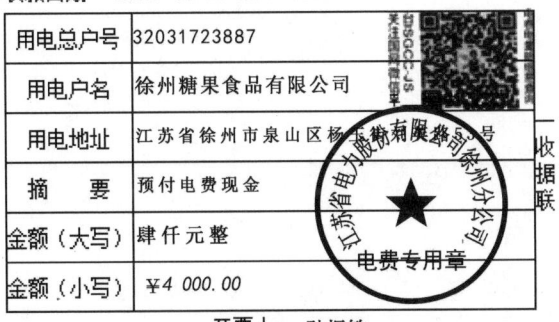

供电公司收款凭证

收款日期：2020-08-20 09:41:58

用电总户号	32031723887
用电户名	徐州糖果食品有限公司
用电地址	江苏省徐州市泉山区杨……路5…号
摘要	预付电费现金
金额（大写）	肆仟元整
金额（小写）	¥4 000.00

开票人：孙振敏

【业务16】 2020年8月21日,取得原始凭证3张。

江苏增值税专用发票（抵扣联）

No 50119566　3203165140　50119566
开票日期：2020年08月21日

购买方	名　称：徐州糖果食品有限公司 纳税人识别号：913203111625017724 地　址、电　话：江苏省徐州市泉山区杨玉街刘英路53号　0516-81699081 开户行及账号：中国建设银行徐州市泉山区支行　41622196583214

密码区：
67*3187<4/+9515<+95-59+7<952
7904<0—>>-6>525<080458->7*7
87*3187<4/+8490<+10653903249
2+<712/<1+9016>1229++>84>366

货物或应税劳务、服务名称	规格型号	单位	数量	单价	金额	税率	税额
电		度	1 500	1	1 500.00	13%	195.00
合　计					￥1 500.00		￥195.00

价税合计（大写）：⊗ 壹仟陆佰玖拾伍元整　（小写）￥1 695.00

销售方	名　称：江苏省电力股份有限公司徐州市分公司 纳税人识别号：913203110645002233 地　址、电　话：江苏省徐州市泉山区韩春街刘海路39号　0516-730497580 开户行及账号：中国建设银行徐州市泉山区支行　41247650539506

备注：江苏省电力股份有限公司徐州市分公司　913203110645002233　发票专用章

收款人：　复核：　开票人：郭君　销售方：（章）

第二联：抵扣联　购买方扣税凭证

江苏增值税专用发票（发票联）

No 50119566　3203165140　50119566
开票日期：2020年08月21日

购买方	名　称：徐州糖果食品有限公司 纳税人识别号：913203111625017724 地　址、电　话：江苏省徐州市泉山区杨玉街刘英路53号　0516-81699081 开户行及账号：中国建设银行徐州市泉山区支行　41622196583214

密码区：
67*3187<4/+9515<+95-59+7<952
7904<0—>>-6>525<080458->7*7
87*3187<4/+8490<+10653903249
2+<712/<1+9016>1229++>84>366

货物或应税劳务、服务名称	规格型号	单位	数量	单价	金额	税率	税额
电		度	1 500	1	1 500.00	13%	195.00
合　计					￥1 500.00		￥195.00

价税合计（大写）：⊗ 壹仟陆佰玖拾伍元整　（小写）￥1 695.00

销售方	名　称：江苏省电力股份有限公司徐州市分公司 纳税人识别号：913203110645002233 地　址、电　话：江苏省徐州市泉山区韩春街刘海路39号　0516-730497580 开户行及账号：中国建设银行徐州市泉山区支行　41247650539506

备注：江苏省电力股份有限公司徐州市分公司　913203110645002233　发票专用章

收款人：　复核：　开票人：郭君　销售方：（章）

第三联：发票联　购买方记账凭证

费用分配表

2020-08-21　　　　　　　　　　　　　　　　　　　　　　　单位:元

部门	实际用量(度)	分配率	分配金额
办公室	375		
销售门市	450		
生产车间	675		
合计	1 500		

制表：　　　　　　　　　　　　　　　　　　　审核：

【业务17】 2020年8月31日，取得原始凭证1张。

银行借款利息计算单

2020年08月31日　　　　　　　　　　　　　　　　　　　单位:元

借款种类	借款金额	年贷款利率	月利息额	备注
3个月周转借款	100 000.00	0.06		2020-08-01借入（合同号:00093）
合计				

编制：　　　　　　　　　　　　　　　　　　　审核：

【业务18】 2020年8月31日,取得原始凭证2张。

发出材料单位成本计算表

金额单位:元
数量单位:千克

2020-08-31

材料名称	单位	期初		本期入库		发出材料单价
		数量	金额	数量	金额	
白砂糖						
葡萄糖						
炼乳						
合计						

审核:　　　　　　　　　　　　　　　　　　　　　　　　编制:

原材料发出汇总表

金额单位:元
数量单位:千克

2020-08-31

领料部门	领料用途	产品	白砂糖		葡萄糖		炼乳		合计
			数量	金额	数量	金额	数量	金额	
生产车间	生产产品直接领用	硬糖	400		1 200		400		
生产车间	生产产品直接领用	奶糖	500		1 500		500		
合计									

审核:　　　　　　　　　　　　　　　　　　　　　　　　编制:

【业务19】 2020年8月31日,取得原始凭证3张。

生产工时明细表

2020-08-31

车间	产品	生产工时（小时）
生产车间	硬糖	2 000
生产车间	奶糖	4 000
合计		6 000

制表:刘明　　　　　　　　　　　　　　　　　　　审核:朱汇

工 资 明 细 表

2020-08-31　　　　　　　　　　　　　　　　　单位:元

姓　名	部门	岗位	应付工资
刘　杰	办公室	法定代表人	5 000.00
李一帆	办公室	总经理	4 000.00
肖丽华	办公室	办公室主任	3 500.00
曹国建	办公室	办公室职员	3 000.00
王颖宏	办公室	仓管员	2 000.00
朱　汇	财务部	财务经理	3 500.00
刘　明	财务部	会计	3 000.00
苏文莹	财务部	出纳	2 000.00
王群忠	采购部	采购经理	3 500.00
吴鹏英	销售门市	销售经理	4 000.00
伊　翔	生产车间	生产车间主任	4 000.00
刘建国	生产车间	车间工人	3 000.00
陈树军	生产车间	车间工人	3 000.00
安雪梅	生产车间	车间工人	3 000.00
张长越	生产车间	车间工人	3 000.00
合计			49 500.00

制表:刘明　　　　　　　　　　　　　　　　　　　审核:朱汇

工资费用分配表
2020-08-31
单位:元

应借账户		直接计入	分配计入			合计
			生产工时(小时)	分配率	分配金额	
管理费用						
销售费用						
制造费用						
生产成本	硬糖					
生产成本	奶糖					
合计						

编制: 　　　　　　　　　　　　　　　审核:

【业务20】 2020年8月31日,取得原始凭证2张。

产品生产工时明细表
2020-08-31

生产部门	产品	生产工时(小时)
生产车间	硬糖	2 000
生产车间	奶糖	4 000
合计		6 000

制表:刘明　　　　　　　　　　　　　　审核:朱汇

制造费用分配表
2020-08-31
单位:元

生产部门	生产	分配标准(工时)	分配率	分配金额
生产车间	硬糖			
生产车间	奶糖			
合计				

制表: 　　　　　　　　　　　　　　　审核:

【业务 21】 2020 年 8 月 31 日,取得原始凭证 2 张。

产品产量明细表

2020-08-31　　　　　　　　　　　　　　　　　　　　　　　　数量单位:千克

生产部门	产品	月初在产品数量	本月投产产品数量	本月完工产品数量	本月产品入库数量	月末在产品数量	投料率	期末在产品完工率
生产车间	硬糖	0	1 500	1 500	1 500	0.00	0	0
生产车间	奶糖	0	1 600	1 600	1 600	0.00	0	0

制表:刘明　　　　　　　　　　　　　　　　　　　　　　　　审核:朱汇

产品成本计算表

2020-08-31　　　　　　　　　　　　　　　　　　　　　　　　单位:元

生产部门	产品	项目	月初在产品成本	本月生产费用	生产成本合计	产量			单位成本	完工产品成本	月末在产品成本
						完工产品产量	在产品约当产量	产量合计			
生产车间	硬糖	直接材料									
		直接人工									
		制造费用									
	奶糖	直接材料									
		直接人工									
		制造费用									
合计											

制表:　　　　　　　　　　　　　　　　　　　　　　　　审核:

【业务22】 2020年8月31日,取得原始凭证2张。

销 售 单

购货单位:中祥销售有限公司
地址和电话:北京市怀柔区46街68路24号 010-25354750
纳税识别号:911101169456397425　　　　　　　　　　　　　单据编号:XS039
开户行及账号:中国建设银行北京市怀柔区支行 41622124173915　　制单日期:2020-08-31

编 码	产品名称	规 格	单 位	单 价	数 量	金 额	备 注
	硬糖		kg	45.20	1 400	63 280.00	含税价
	奶糖		kg	56.50	1 500	84 750.00	含税价
合计	人民币(大写):壹拾肆万捌仟零叁拾元整				—	¥148 030.00	

销售经理:吴鹏英　　　经手人:赵爱东　　　会计:刘明　　　签收人:柴键

 3203161140　　　江苏增值税专用发票　　No 01794288　　3203161140
01794288

此联不作报销 抵扣税凭证使用　　　开票日期:2020年08月31日

购买方
名　　称:中祥销售有限公司
纳税人识别号:911101169456397425
地址、电话:北京市怀柔区46街68路24号 010-25354750
开户行及账号:中国建设银行北京市怀柔区支行 41622124173915

密码区:
69*3187<4/+2733<+95-59>+7<217
6776<0—>>-6>525<646310-7*7
87*3187<4/+8490<+03698875744
4<+712/<1+9016>3847++>84>358

货物或应税劳务、服务名称	规格型号	单位	数量	单价	金额	税率	税额
硬糖		kg	1 400	40.00	56 000.00	13%	7 280.00
奶糖		kg	1 500	50.00	75 000.00	13%	9 750.00
合　计					¥131 000.00		¥17 030.00

价税合计(大写)　⊗ 壹拾肆万捌仟零叁拾元整　　　　　(小写) ¥148 030.00

销售方
名　　称:徐州糖果食品有限公司
纳税人识别号:913203111625017724
地址、电话:江苏省徐州市泉山区杨王街刘英路53号 0516-81699081
开户行及账号:中国建设银行徐州市泉山区支行 41622196583214

备注

收款人:　　　复核:　　　开票人:刘明　　　销售方:(章)

【业务23】 2020年8月31日,取得原始凭证2张。

单位产品成本计算单

2020-08-31

金额单位:元
数量单位:千克

产品名称	期初结存		本期入库		单位成本
	数量	金额	数量	金额	
硬糖					
奶糖					
合计					

制表:　　　　　　　　　　　　　　　　　　　　审核:

销售产品成本结转表

2020-08-31

金额单位:元
数量单位:千克

领用部门	用途	硬糖		奶糖		合计
		数量	金额	数量	金额	
销售门市	销售领用					
合计						

制表:　　　　　　　　　　　　　　　　　　　　审核:

【业务 24】 2020 年 8 月 31 日,取得原始凭证 1 张。

应交所得税计算表

2020-08-31　　　　　　　　　　　　　　　　　　　　　　　单位:元

项　目	金　额
营业收入	
营业成本	
利润总额	
加:特定业务计算的应纳税所得额	
减:不征税收入和税基减免应纳税所得额	
固定资产加速折旧(扣除)调减额	
弥补以前年度亏损	
实际利润额	
税率	
应纳所得税额	
减:减免所得税额	
实际已预缴所得税额	
特定业务预缴(征)所得税额	
应补(退)所得税额	
减:以前年度多缴在本期抵缴所得税额	
本月(季)实际应补(退)所得税额	

制表:　　　　　　　　　　　　　　　　审核:

【业务 25】 2020 年 8 月 31 日,取得原始凭证 1 张。

损益类账户发生额结转表

2020-08-31　　　　　　　　　　　　　　　　　　　　　　　单位:元

总账科目名称	本期借方发生额	本期贷方发生额
合计		

编制:　　　　　　　　　　　　　　　　审核:

附件一

科 目 汇 总 表

年 月 日 至 月 日

编号：1

凭证号数	附件共 张
	第 号至 号共 张
	第 号至 号共 张
	第 号至 号共 张

会计科目	总页	借方金额 十亿千百十万千百十元角分	贷方金额 十亿千百十万千百十元角分
合 计			

会计科目	总页	借方金额 十亿千百十万千百十元角分	贷方金额 十亿千百十万千百十元角分
合 计			

财会主管： 记账： 复核： 制表：

2020 年 8 月份业务凭证

附录一

科 目 汇 总 表

年 月 日至 月 日

编号：1

凭证号数	附件共　　张
	第　　号至　　号共　　张
	第　　号至　　号共　　张
	第　　号至　　号共　　张

会计科目	借方金额 十亿千百十万千百十元角分	贷方金额 十亿千百十万千百十元角分	总页
合　计			

复核：　　　　　　　　　　　　　制表：

会计科目	借方金额 十亿千百十万千百十元角分	贷方金额 十亿千百十万千百十元角分	总页
合　计			

财会主管：　　　　　　　　　记账：

附件二

资产负债表

会企01表

编制单位：　　　　　　　　　　　　　　　　___年___月___日　　　　　　　　　　　　　　　单位:元

资　　产	期末余额	上年年末余额	负债和所有者权益（或股东权益）	期末余额	上年年末余额
流动资产：			流动负债：		
货币资金			短期借款		
交易性金融资产			交易性金融负债		
衍生金融资产			衍生金融负债		
应收票据			应付票据		
应收账款			应付账款		
应收款项融资			预收款项		
预付款项			合同负债		
其他应收款			应付职工薪酬		
存货			应交税费		
合同资产			其他应付款		
持有待售资产			持有待售负债		
一年内到期的非流动资产			一年内到期的非流动负债		
其他流动资产			其他流动负债		
流动资产合计			流动负债合计		
非流动资产：			非流动负债：		
债权投资			长期借款		
其他债权投资			应付债券		
长期应收款			其中：优先股		
长期股权投资			永续债		
其他权益工具投资			租赁负债		
其他非流动金融资产			长期应付款		
投资性房地产			预计负债		
固定资产			递延收益		
在建工程			递延所得税负债		
生产性生物资产			其他非流动负债		
油气资产			非流动负债合计		
使用权资产			负债合计		
无形资产			所有者权益(或股东权益)：		
开发支出			实收资本(或股本)		
商誉			其他权益工具		
长期待摊费用			其中：优先股		
递延所得税资产			永续债		
其他非流动资产			资本公积		
非流动资产合计			减:库存股		
			其他综合收益		
			专项储备		
			盈余公积		
			未分配利润		
			所有者权益(或股东权益)合计		
资产总计			负债和所有者权益（或股东权益）总计		

附件三

利 润 表

会企02表

编制单位： ___年___月　　　　　　　　　　　　　　　单位：元

项　　目	本期金额	上期金额
一、营业收入		
减：营业成本		
税金及附加		
销售费用		
管理费用		
研发费用		
财务费用		
其中：利息费用		
利息收入		
加：其他收益		
投资收益（损失以"－"号填列）		
其中：对联营企业和合营企业的投资收益		
以摊余成本计量的金融资产终止确认收益（损失以"－"号填列）		
净敞口套期收益（损失以"－"号填列）		
公允价值变动收益（损失以"－"号填列）		
信用减值损失（损失以"－"号填列）		
资产减值损失（损失以"－"号填列）		
资产处置收益（损失以"－"号填列）		
二、营业利润（亏损以"－"号填列）		
加：营业外收入		
减：营业外支出		
三、利润总额（亏损总额以"－"号填列）		
减：所得税费用		
四、净利润（净亏损以"－"号填列）		
（一）持续经营净利润（净亏损以"－"号填列）		
（二）终止经营净利润（净亏损以"－"号填列）		
五、其他综合收益的税后净额		
（一）不能重分类进损益的其他综合收益		
1. 重新计量设定受益计划变动额		
2. 权益法下不能转损益的其他综合收益		
3. 其他权益工具投资公允价值变动		
4. 企业自身信用风险公允价值变动		
……		
（二）将重分类进损益的其他综合收益		
1. 权益法下可转损益的其他综合收益		
2. 其他债权投资公允价值变动		
3. 金融资产重分类计入其他综合收益的金额		
4. 其他债权投资信用减值准备		
5. 现金流量套期储备		
6. 外币财务报表折算差额		
……		
六、综合收益总额		
七、每股收益：		
（一）基本每股收益		
（二）稀释每股收益		

附录二 2020年9月份业务凭证

【业务1】 2020年9月1日,取得原始凭证1张。

中国建设银行
转账支票存根
10503226

00001711

附加信息付款行账号:
41622196583214

出票日期 2020 年 09 月 01 日

收款人:常州嘉禾有限公司
金　额:￥39 986.00
用　途:支付货款

单位主管　　　　会计

【业务2】 2020年9月1日,取得原始凭证3张。

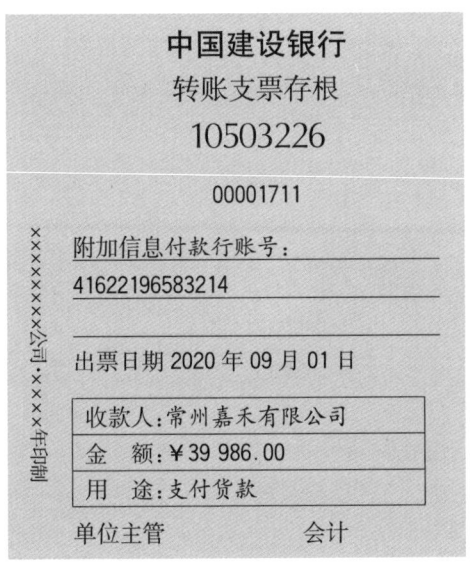

江苏增值税专用发票　No 09904697　3204161140 09904697
3204161140
抵扣联
开票日期:2020年09月01日

购买方	名称: 徐州糖果食品有限公司 纳税人识别号:913203111625017724 地址、电话:江苏省徐州市泉山区杨玉街刘英路53号 0516-81699081 开户行及账号:中国建设银行徐州市泉山区支行 41622196583214	密码区	33*3187(4/+1060(+95-59+7(324 2568(0-->-6)525(256665->7*7 87*3187(4/+8490(+62432328106 6+(712/(1+9016)5456++)84(098

货物或应税劳务、服务名称	规格型号	单位	数量	单价	金额	税率	税额
白砂糖		kg	2 000	10	20 000.00	13%	2 600.00
合计					￥20 000.00		￥2 600.00

价税合计(大写)　⊗贰万贰仟陆佰元整　　(小写) ￥22 600.00

| 销售方 | 名称: 常州顺华有限公司 纳税人识别号:913204027180780481 地址、电话:江苏省常州市天宁区徐律街哲路29号 0519-35654860 开户行及账号:中国建设银行常州市天宁区支行 41622124502568 | 备注 | (发票专用章) |

收款人:　　　复核:　　　开票人:白永雷　　　销售方:(章)

江苏增值税专用发票

发票代码：3204161140　　No 09904697

开票日期：2020年09月01日

购买方	名称：徐州糖果食品有限公司 纳税人识别号：913203111625017724 地址、电话：江苏省徐州市泉山区杨玉街刘英路53号　0516-81699081 开户行及账号：中国建设银行徐州市泉山区支行　41622196583214	密码区	33*3187<4/+1060<+95-59+7<324 2568<0-->-6>525<256665->7*7 87*3187<4/+8490<+62432328106 6+<712/<1+9016>5456++>84>098

货物或应税劳务、服务名称	规格型号	单位	数量	单价	金额	税率	税额
白砂糖		kg	2000	10	20 000.00	13%	2 600.00
合计					¥20 000.00		¥2 600.00

价税合计（大写）：⊗贰万贰仟陆佰元整　　（小写）¥22 600.00

销售方	名称：常州顺华有限公司 纳税人识别号：913204027180780481 地址、电话：江苏省常州市天宁区徐律街张哲路29号　0519-35654860 开户行及账号：中国建设银行常州市天宁区支行　41622124502568	备注	（发票专用章）

收款人：　　复核：　　开票人：白永雷　　销售方：（章）

中国建设银行
转账支票存根
10503226

00001712

附加信息付款行账号：
41622196583214

出票日期 2020年09月01日

收款人：常州顺华有限公司
金额：¥22 600.00
用途：支付货款
单位主管　　　　会计

【业务3】 2020年9月3日,取得原始凭证1张。

收 料 单

供应单位:常州顺华有限公司　　　　2020 年 09 月 03 日　　　　编号 SL084

材料编号	名称	单位	规格	数量(千克)		实际成本			
				应收	实收	单价	发票价格	运杂费	总价
	白砂糖	kg		2 000	2 000				

备注:

收料人:王颖宏　　　　　　　　　　　　　　　交料人:李庆祥

第二联　记账联

【业务4】 2020年9月4日,取得原始凭证4张。

3203161140　　**江苏增值税专用发票**　　No 23823140　　3203161140
　　　　　　　　　　　抵扣联　　　　　　开票日期:2020年09月04日　　23823140

购买方	名　　称:徐州糖果食品有限公司 纳税人识别号:913203111625017724 地 址 、电 话:江苏省徐州市泉山区杨玉街刘英路53号 0516-81699081 开户行及账号:中国建设银行徐州市泉山区支行 41622196583214	密码区	61*3187<4/+1593<+95-59+7<978 2462<0-->>-6>525<836754->7*7 87*3187<4/+8490<+51477087953 4+<712/<1+9016>6597++>84<625

货物或应税劳务、服务名称	规格型号	单位	数量	单价	金　额	税率	税　额
葡萄糖		kg	2 000	5	10 000.00	13%	1 300.000
炼乳		kg	2 000	20	40 000.00	13%	5 200.000
合　计					¥50 000.00		¥6 500.000
价税合计(大写)	⊗伍万陆仟伍佰元整				(小写)		¥56 500.000

销售方	名　　称:徐州常峰有限公司 纳税人识别号:913203054219126013 地 址 、电 话:江苏省徐州市贾汪区王睿街张军路64号 0516-83291907 开户行及账号:中国建设银行徐州市贾汪区支行 41622124878604	备注	徐州常峰有限公司 913203054219126013 发票专用章

收款人:　　　　复核:　　　　开票人:方振虎　　　　销售方:(章)

第二联:抵扣联　购买方扣税凭证

3203161140 江苏增值税专用发票　　No 23823140

开票日期：2020年09月04日

购买方	名　　称：徐州糖果食品有限公司
	纳税人识别号：913203111625017724
	地址、电话：江苏省徐州市泉山区杨玉街刘英路53号　0516-81699081
	开户行及账号：中国建设银行徐州市泉山区支行　41622196583214

密码区：
61*3187<4/+1593<+95-59+7<978
2462<0-->>-6>525<836754->7*7
87*3187<4/+8490<+51477087953
4+<712</1+9016>6597++>84>625

货物或应税劳务、服务名称	规格型号	单位	数量	单价	金　额	税率	税　额
葡萄糖		kg	2 000	5	10 000.00	13%	1 300.000
炼乳		kg	2 000	20	40 000.00	13%	5 200.000
合计					￥50 000.00		￥6 500.000
价税合计（大写）	⊗伍万陆仟伍佰元整				（小写）￥56 500.000		

销售方	名　　称：徐州常峰有限公司
	纳税人识别号：913203054219126013
	地址、电话：江苏省徐州市贾汪区王睿街张军路64号　0516-83291907
	开户行及账号：中国建设银行徐州市贾汪区支行　41622124878604

备注：徐州常峰有限公司 913203054219126013 发票专用章

收款人：　　复核：　　开票人：方振虎　　销售方：（章）

收　料　单

供应单位：徐州常峰有限公司　　2020年09月04日　　编号 SL085

材料编号	名称	单位	规格	数量（千克）		实际成本			
				应收	实收	单价	发票价格	运杂费	总价
	葡萄糖	kg		2 000	2 000				
	炼乳	kg		2 000	2 000				

备注：

收料人：王颖宏　　　　　　　　　交料人：张军立

中国建设银行客户专用回单

币别：人民币　　　2020 年 09 月 04 日　　流水号 320320027J0500810009

付款人	全称	徐州糖果食品有限公司	收款人	全称	徐州常峰有限公司
	账号	41622196583214		账号	41622124878604
	开户行	中国建设银行徐州市泉山区支行		开户行	中国建设银行徐州市贾汪区支行
金额	（大写）人民币伍万陆仟伍佰元整			（小写）￥56 500.00	
凭证种类	网银		凭证号码		
结算方式	网银		用途	支付货款	

打印柜员：320325584257　电子回单
打印机构：中国建设银行徐州市泉山区支行
打印卡号：105561631678

（中国建设银行电子回单专用章）

打印时间：2020-09-04　　交易柜员：320325584268　　交易机构：320310500541183625

【业务5】 2020 年 9 月 5 日，取得原始凭证 3 张。

销售单

购货单位：南京河海食品有限公司　　地址和电话：江苏省南京市玄武区王颖街肖丽路41号 025-25285695　　单据编号：X5040
纳税识别号：913201025560842847　　开户行及账号：中国建设银行南京市玄武区支行 41622124007123　　制单日期：2020-09-05

编码	产品名称	规格	单位	单价	数量	金额	备注
	奶糖		Kg	56.50	100	5 650.00	含税价
合计	人民币（大写）伍仟陆佰伍拾元整					￥5 650.00	

销售经理：吴鹏英　　经手人：赵爱东　　会计：刘明　　签收人：王军

3203161140　　**江苏增值税专用发票**　　No 01794293　　3203161140 01794293

此联不作报销、扣税凭证使用　　开票日期：2020年09月05日

购买方	名　称：南京河海食品有限公司 纳税人识别号：913201025560842847 地　址、电　话：江苏省南京市玄武区王颖街肖丽路41号 025-25285695 开户行及账号：中国建设银行南京市玄武区支行 41622124007123	密码区	03*3187<4/+0451<+95-5 9+7<5531068<0-->>-6>525<0 19513->7*787*3187<4/+849 0<+400420122613+<712/<1+9

货物或应税劳务、服务名称	规格型号	单位	数量	单价	金额	税率	税额
奶糖		kg	100	50.00	5 000.00	13%	650.00
合计					￥5 000.00		￥650.00
价税合计（大写）	⊗ 伍仟陆佰伍拾元整				（小写）￥5 650.00		

销售方	名　称：徐州糖果食品有限公司 纳税人识别号：913203111625017724 地　址、电　话：江苏省徐州市泉山区杨玉街刘英路53号 0516-81699081 开户行及账号：中国建设银行徐州市泉山区支行 41622196583214	备注	

收款人：　　　复核：　　　开票人：刘明　　　销售方：（章）

中国建设银行客户专用回单

币别：人民币　　　　2020 年 09 月 05 日　　流水号 320320027J0500810077

付款人	全称	南京河海食品有限公司	收款人	全称	徐州糖果食品有限公司
	账号	41622124007123		账号	41622196583214
	开户行	中国建设银行南京市玄武区支行		开户行	中国建设银行徐州市泉山区支行
金额	（大写）人民币伍仟陆佰伍拾元整			（小写）￥5 650.00	
凭证种类	网银		凭证号码		
结算方式	转账		用途	货款	

打印柜员：320325584258
打印机构：中国建设银行徐州市泉山区支行
打印卡号：41622196583214

打印时间：2020-09-05　　交易柜员：320325584268　　交易机构：320327005

【业务6】 2020 年 9 月 8 日，取得原始凭证 1 张。

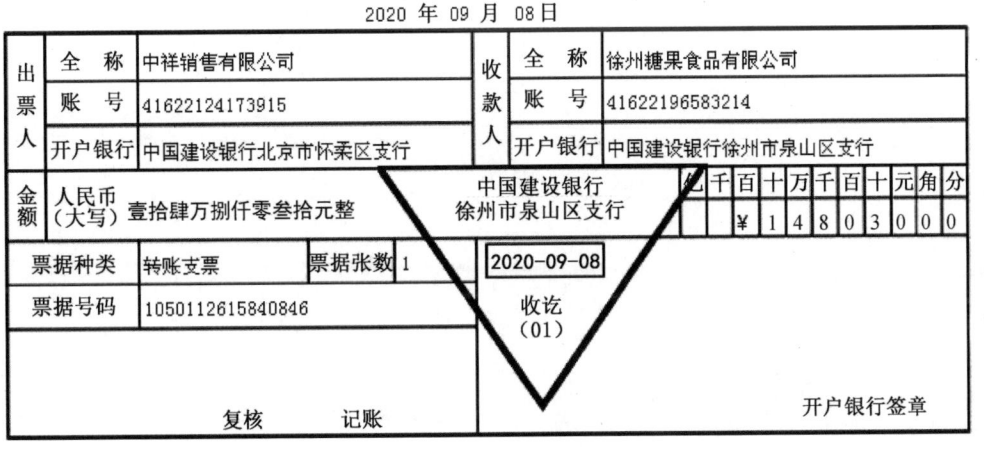

【业务7】 2020年9月10日,取得原始凭证1张。

中国建设银行客户专用回单

转账日期: 2020 年 09 月 10 日

凭证字号: 2020091035023001

纳税人全称及纳税人识别号: 徐州糖果食品有限公司913203111625017724	
付款人全称: 徐州糖果食品有限公司	
付款人账号: 41622196583214	征收机关名称: 徐州市泉山区税务局
付款人开户银行: 中国建设银行徐州市泉山区支行	收缴国库(银行)名称: 国家金库徐州市泉山区支库
小写(合计)金额 ¥4 174.23	缴款书交易流水号: 202010104054565
大写(合计)金额 人民币 肆仟壹佰柒拾肆元贰角叁分	税票号码: 042019083460058853
税(费)种名称 所属时期	实缴金额
企业所得税 20200801-20200831	¥4 174.23

(中国建设银行 电子回单 专用章)

- -

【业务8】 2020年9月10日,取得原始凭证2张。

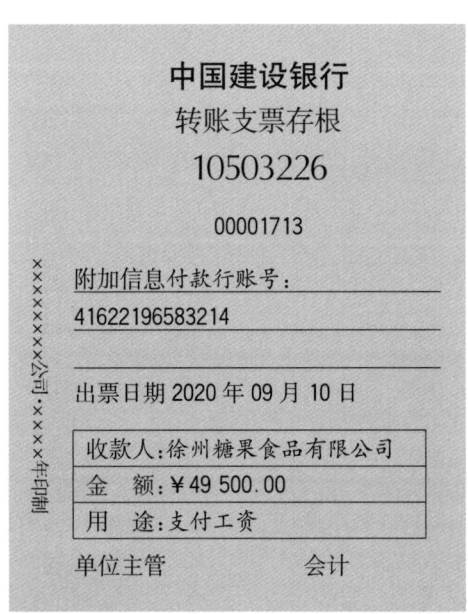

工资发放明细表

2020-09-10   单位:元

姓　名	部门	岗位	实发工资
刘　杰	办公室	法定代表人	5 000.00
李一帆	办公室	总经理	4 000.00
肖丽华	办公室	办公室主任	3 500.00
曹国建	办公室	办公室职员	3 000.00
王颖宏	办公室	仓管员	2 000.00
朱　汇	财务部	财务经理	3 500.00
刘　明	财务部	会计	3 000.00
苏文莹	财务部	出纳	2 000.00
王群忠	采购部	采购经理	3 500.00
吴鹏英	销售门市	销售经理	4 000.00
伊　翔	生产车间	生产车间主任	4 000.00
刘建国	生产车间	车间工人	3 000.00
陈树军	生产车间	车间工人	3 000.00
安雪梅	生产车间	车间工人	3 000.00
张长越	生产车间	车间工人	3 000.00
合　计			49 500.00

制表:刘明   审核:朱汇

【业务9】 2020年9月12日,取得原始凭证3张。

福建增值税专用发票

3501176140　　　　　　　　　　　　　　　　　　　No 86738038　　　3501176140
　　　　　　　　　　　　　　　　　　　　　　　　　　　　　　　　86738038

抵扣联　　　　　　　　　　　　　　　　　　　　　　　开票日期:2020年09月12日

购买方	名　　称:徐州糖果食品有限公司 纳税人识别号:913203111625017724 地　址、电话:江苏省徐州市泉山区杨玉街刘英路53号 0516-81699081 开户行及账号:中国建设银行徐州市泉山区支行 41622196583214	密码区	59*3187<4/+2656<+95-59+7<161 3119<0-->-6>525<799708->7*7 87*3187<4/+8490<+15204740073 5+<712/<1+9016>4158++>84>767

货物或应税劳务、服务名称	规格型号	单位	数量	单价	金　额	税率	税　额
票据夹		个	5	5.50	27.50	13%	3.58
金枝圆珠笔(多色)		支	100	2.50	250.00	13%	32.50
佳能墨粉(黑色)		盒	3	300.00	900.00	13%	117.00
合　计					¥1 177.50		¥153.08
价税合计(大写)	⊗ 壹仟叁佰叁拾元伍角捌分				(小写)	¥1 330.58	

销售方	名　　称:福州信华办公用品有限公司 纳税人识别号:913501024521223214 地　址、电话:福建省福州市鼓楼区边有孟翠路75号 0591-79886949 开户行及账号:中国建设银行福州市鼓楼区支行 41622124691260	备注	福州信华办公用品有限公司 913501024521223214 发票专用章

收款人:　　　　　　复核:　　　　　　开票人:孟珊　　　　销售方:(章)

福建增值税专用发票

3501176140　　No 86738038　　3501176140　86738038

发票联　　开票日期：2020年09月12日

购买方
- 名　称：徐州糖果食品有限公司
- 纳税人识别号：913203111625017724
- 地址、电话：江苏省徐州市泉山区杨玉街刘英路53号　0516-81699081
- 开户行及账号：中国建设银行徐州市泉山区支行　41622196583214

密码区：
59*3187<4/+2656<+95-59+7<161
3119<0-->-6>525<799708->7*7
87*3187<4/+8490<+15204740073
5+<712/<1+9016>4158++>84>767

货物或应税劳务、服务名称	规格型号	单位	数量	单价	金额	税率	税额
票据夹		个	5	5.50	27.50	13%	3.58
金枝圆珠笔（多色）		支	100	2.50	250.00	13%	32.50
佳能墨粉（黑色）		盒	3	300.00	900.00	13%	117.00
合　计					¥1 177.50		¥153.08

价税合计（大写）：壹仟叁佰叁拾元伍角捌分　（小写）¥1 330.58

销售方
- 名　称：福州信华办公用品有限公司
- 纳税人识别号：913501024521223214
- 地址、电话：福建省福州市鼓楼区边有街孟翠路75号　0591-79886949
- 开户行及账号：中国建设银行福州市鼓楼区支行　41622124691260

备注：福州信华办公用品有限公司　913501024521223214　发票专用章

收款人：　复核：　开票人：孟珊　销售方：（章）

中国建设银行客户专用回单

币别：人民币　　2020年09月12日　　流水号 320320027J0500810068

付款人	全称	徐州糖果食品有限公司	收款人	全称	福州信华办公用品有限公司
	账号	41622196583214		账号	41622124691260
	开户行	中国建设银行徐州市泉山区支行		开户行	中国建设银行福州市鼓楼区支行

金额：（大写）人民币 壹仟叁佰叁拾元伍角捌分　（小写）¥1 330.58

凭证种类：网银　　凭证号码：

结算方式：转账　　用途：支付办公费

打印柜员：320325584257
打印机构：中国建设银行徐州市泉山区支行
打印卡号：41622196583214

中国建设银行电子回单专用章

打印时间：2020-09-12　　交易柜员：320325584268　　交易机构：320310536

【业务 10】 2020 年 9 月 14 日,取得原始凭证 3 张。

销 售 单

购货单位:徐州中凯有限公司
地址和电话:江苏省徐州市鼓楼区董俊街魏敬路 61 号 0516-85498476
纳税识别号:913203026229609205　　　　　　　　　　　　单据编号:XS041
开户行及账号:中国建设银行徐州市鼓楼区支行 41622124957297　　制单日期:2020-09-14

编 码	产品名称	规 格	单 位	单 价	数 量	金 额	备 注
	炼乳		kg	28.25	90	2 542.50	含税价
合计	人民币(大写) 贰仟伍佰肆拾贰元伍角整				—	￥2 542.50	

销售经理:吴鹏英　　经手人:赵爱东　　会计:刘明　　签收人:周春柳

3203161140　　**江苏增值税专用发票**　　No 01794298　　3203161140
　　　　　　　　　　　　（江苏）　　　　　　　　　　　　　　　　01794298
　　　　　　此联不作报销、扣税凭证使用　　开票日期:2020年09月14日

购买方	名　　称:徐州中凯有限公司 纳税人识别号:913203026229609205 地址、电话:江苏省徐州市鼓楼区董俊街魏敬路61号 0516-85498476 开户行及账号:中国建设银行徐州市鼓楼区支行 41622124957297	密码区	70*3187<4/+1262<+95-5 9+7<2293484<0-->>-6>525<1 89248->7*787*3187<4/+849 0<+257927075717+<712/<1+9		
	货物或应税劳务、服务名称	规格型号	单位	数量	单价	金额	税率	税额
	炼乳		kg	90	25.00	2 250.00	13%	292.50
	合　计					￥2 250.00		￥292.50
价税合计(大写)	⊗ 贰仟伍佰肆拾贰元伍角整　　　　　　(小写) ￥2 542.50				
销售方	名　　称:徐州糖果食品有限公司 纳税人识别号:913203111625017724 地址、电话:江苏省徐州市泉山区杨玉街刘英路53号 0516-81699081 开户行及账号:中国建设银行徐州市泉山区支行 41622196583214	备注			

收款人:　　　　复核:　　　　开票人:刘明　　　　销售方:(章)

收 款 收 据

2020 年 09 月 14 日　　　　　　　　NO. 000823

今收到徐州中凯有限公司

交来：货款　　　　　　　　　　　　　　　现金收讫

金额（大写）零佰　零拾　零万　贰仟　伍佰　肆拾　贰元　伍角　零分

¥2 542.50　　☑ 现金　　□ 转账支票　　□ 其他　　收款单位（盖章）

核准：　　会计：　　记账：　　出纳：苏文莹　　经手人：傅保庆

第三联　交财务

【业务 11】 2020 年 9 月 14 日，取得原始凭证 1 张。

中国建设银行 China Construction Bank

现 金 交 款 单

2020 年 09 月 14 日　　流水号：524508

币别：人民币

单位填写	收款单位	徐州糖果食品有限公司	交款人	徐州糖果食品有限公司	亿	千	百	十	万	千	百	十	元	角	分
	账号	41622196583214	款项来源	营业款								¥2	5	4	2	5	0

（大写）贰仟伍佰肆拾贰元伍角整

银行确认栏：

会计确认栏：
收款账号：41622196583214
收款人户名：徐州糖果食品有限公司
缴款人名称：徐州糖果食品有限公司
交易码　收付　金额
10111861　收　2 542.50
收入金额：　2 542.50
实收金额：　2 542.50
交易日期　2020-09-14

中国建设银行
徐州市泉山区支行
2020-09-14
交讫
（01）

现金回单（无银行打印记录及银行签章此单无效）

复核：　　录入：　　出纳：

第二联　客户回单

2020 年 9 月份业务凭证

【业务12】 2020年9月15日，取得原始凭证2张。

中国建设银行客户专用回单

币别：人民币　　　　　　2020 年 09 月 15 日　　　流水号 320320027J0500810060

付款人	全称	徐州糖果食品有限公司	收款人	全称	徐州海天酒店有限公司
	账号	41622196583214		账号	41622124451208
	开户行	中国建设银行徐州市泉山区支行		开户行	中国建设银行徐州市鼓楼区支行
金额	（大写）人民币 壹仟伍佰元整		（小写）¥1 500.00		
凭证种类	网银		凭证号码		
结算方式	转账		用途	招待客户餐费	

打印柜员：320325584257
打印机构：中国建设银行徐州市泉山区支行
打印卡号：41622196583214

（中国建设银行电子回单专用章）

打印时间：2020-09-15　　交易柜员：320325584268　　交易机构：320310596

3203161140　　**江苏增值税普通发票**　　No 21936754

检验码 36203 26550 81212 34077　　开票日期：2020年09月15日

购买方	名　　称：徐州糖果食品有限公司 纳税人识别号：9132031116250177724 地　址、电话：江苏省徐州市泉山区杨玉街刘英路53号 0516-81699081 开户行及账号：中国建设银行徐州市泉山区支行 41622196583214	密码区	42*3187<4/+9328<+95-59+7<231 0443<0-->>-6>525<141231->7*7 87*3187<4/+8490<+17037583994 2+<712/<1+9016>1303++>84>521

货物或应税劳务、服务名称	规格型号	单位	数量	单价	金额	税率	税额
餐费		桌	1	1 415.09	1 415.09	6%	84.91
合　计					¥1 415.09		¥84.91

价税合计（大写）　　⊗ 壹仟伍佰元整　　（小写）¥1 500.00

销售方	名　　称：徐州海天酒店有限公司 纳税人识别号：913203027886979364 地　址、电话：江苏省徐州市鼓楼区张英街刘铁路40号 0516-56724584 开户行及账号：中国建设银行徐州市鼓楼区支行 41622124451208	备注	（徐州海天酒店有限公司 913203027886979364 发票专用章）

收款人：　　　复核：　　　开票人：杨萱　　　销售方（章）

【业务 13】 2020 年 9 月 16 日,取得原始凭证 8 张。

差旅费报销单

2020 年 09 月 16 日　　　　　　　　　　　　　　附原始单据 6 张

姓名	伊翔		工作部门		生产车间		出差事由			洽谈商务		
日期		地点		车船费			深夜补贴	途中补贴	住勤费		住宿费	公交费	金额合计
起	讫	起	讫	车次或船名	时间	金额			地区	天数	补贴			
9月11日	9月13日	徐州市	上海市			708.00			上海市	3	300.00	1 400.00		2 408.00
							银行付讫							

报销金额(大写)人民币	贰仟肆佰零捌元整		合计(小写)￥2 408.00
补付金额:		退回金额:	

领导批准:李一帆　会计主管:朱汇　部门负责人:伊翔　审核:刘明　报销人:伊翔

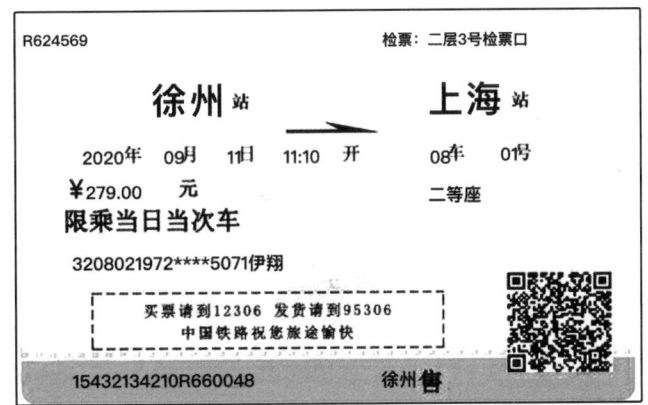

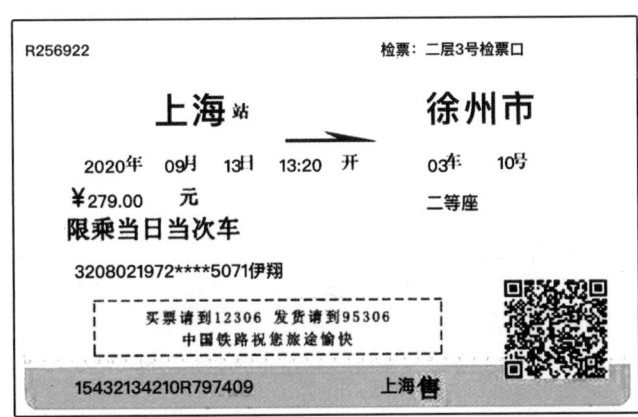

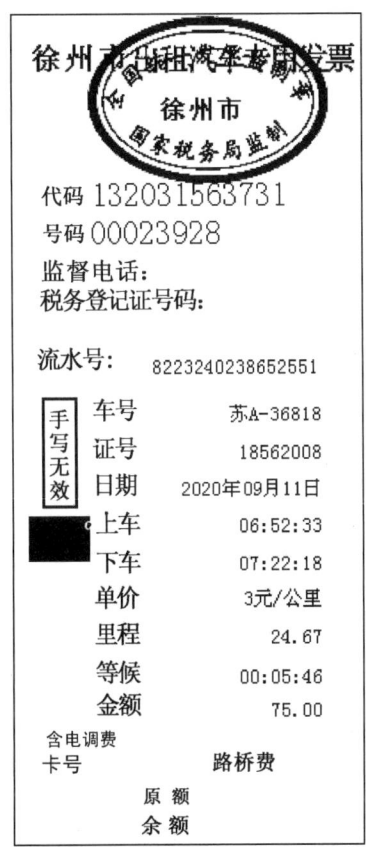
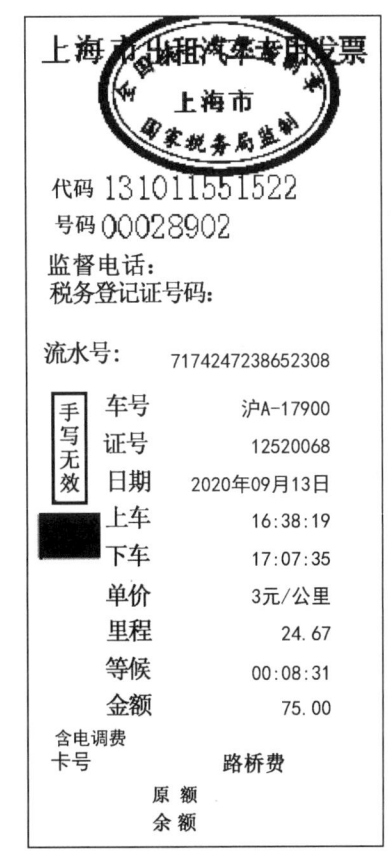

中国建设银行客户专用回单

币别：人民币　　　2020 年 09 月 16 日　　流水号 320320027J0500810067

付款人	全称	徐州糖果食品有限公司	收款人	全称	伊翔
	账号	41622196583214		账号	6222020404009952595
	开户行	中国建设银行徐州市泉山区支行		开户行	中国建设银行徐州市泉山区支行
金额	（大写）人民币贰仟肆佰零捌元整			（小写）￥2 408.00	
凭证种类	网银		凭证号码		
结算方式	转账		用途	差旅费	

打印柜员：320325584257
打印机构：中国建设银行徐州市泉山区支行
打印卡号：41622196583214

打印时间：2020-09-16　　交易柜员：320325584268　　交易机构：320310527

上海增值税专用发票

No 10075045   3101161140 10075045

第二联：抵扣联　购买方扣税凭证

开票日期：2020年09月13日

购买方	名　称：徐州糖果食品有限公司 纳税人识别号：913203111625017724 地址、电话：江苏省徐州市泉山区杨玉街刘英路53号 0516-81699081 开户行及账号：中国建设银行徐州市泉山区支行 41622196583214	密码区	22*3187<4/+0099<+95-5 9+7<2386326<0-->-6>525<3 27448->7*787*3187<4/+849 0<+651691959173+<712/<1+9

货物或应税劳务、服务名称	规格型号	单位	数量	单价	金　额	税率	税　额
住宿费		天	2	660.38	1 320.75	6%	79.25
合　计					¥1 320.75		¥79.25

价税合计（大写）	⊗ 壹仟肆佰元整	（小写）¥1 400.00

销售方	名　称：上海百乐门精品酒店 纳税人识别号：913101065554825795 地址、电话：上海市静安区于建街于志路79号 021-74910149 开户行及账号：中国建设银行上海市静安区支行 41622124590965	备注	（销售方发票专用章）

收款人：　　　复核：　　　开票人：郭君　　　销售方：（章）

上海增值税专用发票

No 10075045   3101161140 10075045

第三联：发票联　购买方记账凭证

开票日期：2020年09月13日

购买方	名　称：徐州糖果食品有限公司 纳税人识别号：913203111625017724 地址、电话：江苏省徐州市泉山区杨玉街刘英路53号 0516-81699081 开户行及账号：中国建设银行徐州市泉山区支行 41622196583214	密码区	22*3187<4/+0099<+95-5 9+7<2386326<0-->-6>525<3 27448->7*787*3187<4/+849 0<+651691959173+<712/<1+9

货物或应税劳务、服务名称	规格型号	单位	数量	单价	金　额	税率	税　额
住宿费		天	2	660.38	1 320.75	6%	79.25
合　计					¥1 320.75		¥79.25

价税合计（大写）	⊗ 壹仟肆佰元整	（小写）¥1 400.00

销售方	名　称：上海百乐门精品酒店 纳税人识别号：913101065554825795 地址、电话：上海市静安区于建街于志路79号 021-74910149 开户行及账号：中国建设银行上海市静安区支行41622124590965	备注	（销售方发票专用章）

收款人：　　　复核：　　　开票人：郭君　　　销售方：（章）

【业务14】 2020年9月21日,取得原始凭证5张。

江苏增值税专用发票(抵扣联)

No 82376568 3203165140 82376568

开票日期:2020年09月21日

购买方	名称:徐州糖果食品有限公司 纳税人识别号:913203111625017724 地址、电话:江苏省徐州市泉山区杨玉街刘英路53号 0516-81699081 开户行及账号:中国建设银行徐州市泉山区支行 41622196583214	密码区	08*3187<4/+7215<+95-5 9+7<4770355<0-->>-6>525<4 32303->7*787*3187<4/+849 0<+104718518287+<712/<1+9

货物或应税劳务、服务名称	规格型号	单位	数量	单价	金额	税率	税额
水费		吨	180	4.20	756.00	3%	22.68
合计					¥756.00		¥22.68

价税合计(大写) ⊗柒佰柒拾捌元陆角捌分   (小写)¥778.68

销售方	名称:江苏水务股份有限公司 纳税人识别号:913203111167476863 地址、电话:江苏省徐州市泉山区解红街胡春路01号 0516-246439372 开户行及账号:中国建设银行徐州市泉山区支行 41621526485817	备注	(江苏水务股份有限公司 913203111167476863 发票专用章)

收款人: 　　　复核: 　　　开票人:刘润庭　　　销售方:(章)

第二联:抵扣联 购买方扣税凭证

江苏增值税专用发票(发票联)

No 82376568 3203165140 82376568

开票日期:2020年09月21日

购买方	名称:徐州糖果食品有限公司 纳税人识别号:913203111625017724 地址、电话:江苏省徐州市泉山区杨玉街刘英路53号 0516-81699081 开户行及账号:中国建设银行徐州市泉山区支行 41622196583214	密码区	08*3187<4/+7215<+95-5 9+7<4770355<0-->>-6>525<4 32303->7*787*3187<4/+849 0<+104718518287+<712/<1+9

货物或应税劳务、服务名称	规格型号	单位	数量	单价	金额	税率	税额
水费		吨	180	4.20	756.00	3%	22.68
合计					¥756.00		¥22.68

价税合计(大写) ⊗柒佰柒拾捌元陆角捌分   (小写)¥778.68

销售方	名称:江苏水务股份有限公司 纳税人识别号:913203111167476863 地址、电话:江苏省徐州市泉山区解红街胡春路01号 0516-246439372 开户行及账号:中国建设银行徐州市泉山区支行 41621526485817	备注	(江苏水务股份有限公司 913203111167476863 发票专用章)

收款人: 　　　复核: 　　　开票人:刘润庭　　　销售方:(章)

第三联:发票联 购买方记账凭证

江苏增值税普通发票

3203166120　　No 82375308　　3203166120 82375308

校验码：74924 33940 30577 28993　　开票日期：2020年09月21日

购买方	名称：徐州糖果食品有限公司 纳税人识别号：913203111625017724 地址、电话：江苏省徐州市泉山区杨玉街刘英路53号 0516-81699081 开户行及账号：中国建设银行徐州市泉山区支行 41622196583214	密码区	08*3187<4/+7215<+95-5 9+7<4770355<0-->>-6>525<4 32303->7*787*3187<4/+849 0<+104718518287+<712/<1+9

货物或应税劳务、服务名称	规格型号	单位	数量	单价	金额	税率	税额
污水处理费		吨	180	2.20	396.00	0%	***
合计					￥396.00		￥0

价税合计（大写）　叁佰玖拾陆元整　　（小写）￥396.00

| 销售方 | 名称：江苏水务股份有限公司 纳税人识别号：913203111167476863 地址、电话：江苏省徐州市泉山区解红胡春路01号 0516-246439372 开户行及账号：中国建设银行徐州市泉山区支行 41621526485817 | 备注 | |

收款人：　　复核：　　开票人：李淑文　　销售方：（章）

第二联：发票联 购买方记账凭证

2020年9月份业务凭证

中国建设银行客户专用回单

币别：人民币　　2020年09月21日　　流水号 320320027J0500810060

付款人	全称	徐州糖果食品有限公司	收款人	全称	江苏水务股份有限公司
	账号	41622196583214		账号	41621526485817
	开户行	中国建设银行徐州市泉山区支行		开户行	中国建设银行徐州市泉山区支行

金额	（大写）人民币壹仟壹佰柒拾肆元陆角捌分	（小写）￥1 174.68
凭证种类	网银	凭证号码
结算方式	转账	用途	支付水费

打印柜员：320325584257
打印机构：中国建设银行徐州市泉山区支行
打印卡号：41622196583214

打印时间：2020-09-21　　交易柜员：320325584268　　交易机构：320310596

第一联 借方（回单）

费用分配表

2020-09-21　　　　　　　　　　　　　　　　　　　　　　单位:元

部门	实际用量(吨)	水费分摊金额	污水处理费分摊金额	合计
办公室	40			
销售门市	40			
生产车间	100			
合计	180			

制表：　　　　　　　　　　　　　　　　　　　　　审核：

【业务15】 2020年9月21日，取得原始凭证3张。

江苏增值税专用发票

3203165140　　　　　　　　　　　　　　　　　　　No 46475902　　3203165140
　　　　　　　　　　　　　　抵扣联　　　　　　　　　　　　　　　　46475902

开票日期：2020年09月21日

购买方	名称：	徐州糖果食品有限公司		密码区	79*3187<4/+3073<+95-59+7<008 0041<0—>>-6>525<092024->7*7 87*3187<4/+8490<+14931660814 9+<712/<1+9016>1632++>84>233
	纳税人识别号：	913203111625017724			
	地址、电话：	江苏省徐州市泉山区杨玉街刘英路53号 0516-81699081			
	开户行及账号：	中国建设银行徐州市泉山区支行 41622196583214			

货物或应税劳务、服务名称	规格型号	单位	数量	单价	金额	税率	税额
电			1 600.00	1	1 600.00	13%	208.00
合计					¥1 600.00		¥208.00
价税合计(大写)	⊗ 壹仟捌佰零捌元整				(小写) ¥1 808.00		

销售方	名称：	江苏省电力股份有限公司徐州市分公司
	纳税人识别号：	913203110645002233
	地址、电话：	江苏省徐州市泉山区韩春街刘海路39号 0516-730497580
	开户行及账号：	中国建设银行徐州市泉山区支行 41247650539506

备注：江苏省电力股份有限公司徐州市分公司 913203110645002233 发票专用章

收款人：　　　　复核：　　　　开票人：胡正青　　　　销售方(章)

江苏增值税专用发票

3203165140　　　　　　　　　No 46475902　　3203165140
　　　　　　　　　　　　　　　　　　　　　　46475902

开票日期：2020年09月21日

| 购买方 | 名　称：徐州糖果食品有限公司
纳税人识别号：913203111625017724
地址、电话：江苏省徐州市泉山区杨玉街刘英路53号 0516-81699081
开户行及账号：中国建设银行徐州市泉山区支行 41622196583214 | 密码区 | 79*3187<4/+3073<+95-59+7<008
0041<0—>>-6>525<092024->7*7
87*3187<4/+8490<+14931660814
9+<712/<1+9016>1632++>84>233 |

货物或应税劳务、服务名称	规格型号	单位	数量	单价	金　额	税率	税　额
电		度	1 600.00	1	1 600.00	13%	208.00
合　计					¥1 600.00		¥208.00

| 价税合计（大写） | ⊗ 壹仟捌佰零捌元整 | （小写）¥1 808.00 |

| 销售方 | 名　称：江苏省电力股份有限公司徐州市分公司
纳税人识别号：913203110645002233
地址、电话：江苏省徐州市泉山区韩春街刘海路39号 0516-730497580
开户行及账号：中国建设银行徐州市泉山区支行 41247650539506 | 备注 | 江苏省电力股份有限公司徐州市分公司
913203110645002233
发票专用章 |

收款人：　　　复核：　　　开票人：胡正青　　　销售方（章）

费用分配表

2020-09-21　　　　　　　　　　　　　　　　　　　单位:元

部门	实际用量(度)	分配率	分配金额
办公室	400		
销售门市	500		
生产车间	700		
合计	1 600		

制表：　　　　　　　　　　　　　　　　　　审核：

【业务16】 2020年9月30日,取得原始凭证1张。

银行借款利息计算单

2020-09-30　　　　　　　　　　　　　　　　　　　　　　　　　　单位:元

借款种类	借款金额	年贷款利率	月利息额	备注
3个月周转借款	100 000.00	0.06	500.00	2020-08-01 借入（合同号:00093）
合计			500.00	

编制:刘明　　　　　　　　　　　　　　　　　　　　　　　　　　审核:朱汇

【业务17】 2020年9月30日,取得原始凭证1张。

固定资产折旧表

2020-09-30　　　　　　　　　　　　　　　　　　　　　　　　　　单位:元

固定资产类别	使用部门	名称	单位	数量	单位成本	原值	投入使用日期	预计使用年限（年）	月折旧率	本月折旧额
生产设备	生产车间	生产线	台	1	140 500.00	140 500.00	2020-08-12	10	0.008 0	1 124.00
电子设备	办公室	1.5P格力空调	台	2	3 000.00	6 000.00	2020-08-13	3	0.026 7	160.20
合计						146 500.00				1 284.20

制表:刘明　　　　　　　　　　　　　　　　　　　　　　　　　　审核:朱汇

【业务 18】 2020 年 9 月 30 日,取得原始凭证 2 张。

发出材料单位成本计算表

金额单位:元
数量单位:千克

2020-09-30

材料名称	单位	期初		本期入库		发出材料单价
		数量	金额	数量	金额	
白砂糖		100	1 000.00	2 000	20 000.00	10.00
葡萄糖		300	1 530.00	2 000	10 000.00	5.01
炼乳		100	2 010.00	2 000	40 000.00	20.00
合计			4 540.00		70 000.00	

审核:朱汇　　　　　　　　　　　　　　　　　制表:刘明

原材料发出汇总表

金额单位:元
数量单位:千克

2020-09-30

领料部门	领料用途	产品	白砂糖		葡萄糖		炼乳		合计
			数量	金额	数量	金额	数量	金额	
销售门市	销售材料领用						90	1 800.00	1 800.00
生产车间	生产产品直接领用	硬糖	1 000	10 000.00	1 000	5 010.00	800	16 000.00	31 010.00
生产车间	生产产品直接领用	奶糖	1 000	10 000.00	1 200	6 012.00	1 200	24 000.00	40 012.00
合计				20 000.00		11 022.00		41 800.00	72 822.00

审核:朱汇　　　　　　　　　　　　　　　　　制表:刘明

【业务 19】 2020 年 9 月 30 日,取得原始凭证 3 张。

生产工时明细表

2020-09-30

生产部门	产品	生产工时(小时)
生产车间	硬糖	2 000
生产车间	奶糖	3 000
合计		5 000

制表:刘明　　　　　　　　　　　　　　　　　　审核:朱汇

工 资 明 细 表

2020-09-30　　　　　　　　　　　　　　　　　　单位:元

姓　名	部门	岗位	应付工资
刘　杰	办公室	法定代表人	5 000.00
李一帆	办公室	总经理	4 000.00
肖丽华	办公室	办公室主任	3 500.00
曹国建	办公室	办公室职员	3 000.00
王颖宏	办公室	仓管员	2 000.00
朱　汇	财务部	财务经理	3 500.00
刘　明	财务部	会计	3 000.00
苏文莹	财务部	出纳	2 000.00
王群忠	采购部	采购经理	4 000.00
吴鹏英	销售门市	销售经理	4 000.00
伊　翔	生产车间	生产车间主任	4 000.00
刘建国	生产车间	车间工人	3 000.00
陈树军	生产车间	车间工人	3 000.00
安雪梅	生产车间	车间工人	3 000.00
张长越	生产车间	车间工人	3 000.00
合计			50 000.00

制表:刘明　　　　　　　　　　　　　　　　　　审核:朱汇

工资费用分配表

2020-09-30　　　　　　　　　　　　　　　　　　　　　　　　　　　单位:元

应借账户		直接计入	分配计入			合计
			生产工时(小时)	分配率	分配金额	
管理费用						
销售费用						
制造费用						
生产成本	硬糖					
生产成本	奶糖					
合计						

编制：　　　　　　　　　　　　　　　　　　　　　　　审核：

【业务20】 2020年9月30日，取得原始凭证2张。

产品生产工时明细表

2020-09-30

生产部门	产品	生产工时(小时)
生产车间	硬糖	2 000
生产车间	奶糖	3 000
合计		5 000

制表：刘明　　　　　　　　　　　　　　　　　　　　　审核：朱汇

制造费用分配表

2020-09-30　　　　　　　　　　　　　　　　　　　　　　　　　　　单位:元

生产部门	产品	分配标准(工时)	分配率	分配金额
生产车间	硬糖			
生产车间	奶糖			
合计				

制表：　　　　　　　　　　　　　　　　　　　　　　　审核：

【业务 21】 2020 年 9 月 30 日,取得原始凭证 2 张。

产品产量明细表

2020-09-30　　　　　　　　　　　　　　　　　　　　　　　　　　单位:千克

生产部门	产品	月初在产品数量	本月投产产品数量	本月完工产品数量	本月产品入库数量	月末在产品数量	投料率	期末在产品完工率
生产车间	硬糖	0	2 200	2 200	2 200	0.00	0	100%
生产车间	奶糖	0	2 500	2 500	2 500	0.00	0	100%

制表:刘明　　　　　　　　　　　　　　　　　　　　　　　　审核:朱汇

产品成本计算表

2020-09-30　　　　　　　　　　　　　　　　　　　　　　　　　　单位:元

生产部门	产品	项目	月初在产品成本	本月生产费用	生产成本合计	产量			单位成本	完工产品成本	月末在产品成本
						完工产品产量	在产品约当产量	产量合计			
生产车间	硬糖	直接材料									
		直接人工									
		制造费用									
	小计										
生产车间	奶糖	直接材料									
		直接人工									
		制造费用									
	小计										
合计											

制表:　　　　　　　　　　　　　　　　　　　　　　　　　　审核:

【业务22】 2020年9月30日,取得原始凭证4张。

销 售 单

购货单位:中祥销售有限公司
地址和电话:北京市怀柔区46街68路24号 010-25354750
纳税识别号:911101169456397425　　　　　　　　　　　　单据编号:XS047
开户行及账号:中国建设银行北京市怀柔区支行 41622124173915　　制单日期:2020-09-30

编码	产品名称	规格	单位	单价	数量	金额	备注
	硬糖		kg	45.20	2 000	90 400.00	含税价
	奶糖		kg	56.50	2 200	124 300.00	含税价
合计	人民币(大写):贰拾壹万肆仟柒佰元整				—	¥214 700.00	

销售经理:吴鹏英　　经手人:赵爱东　　会计:刘明　　签收人:段星月

 3203161140　　江苏增值税专用发票　　No 01794305　　3203161140
　　　　　　　　　　　　此联不作退错扣税凭证使用　　开票日期:2020年09月30日　01794305

购买方
名　称:中祥销售有限公司
纳税人识别号:911101169456397425
地址、电话:北京市怀柔区46街68路24号 010-25354750
开户行及账号:中国建设银行北京市怀柔区支行 41622124173915

密码区:
37*3187<4/+4476<+95-59+7<827
9328<0--〉-6>525<390759->7*7
87*3187<4/+8490<+03198891355
3+<712/<1+9016>1694++>84>520

货物或应税劳务、服务名称	规格型号	单位	数量	单价	金额	税率	税额
硬糖		kg	2 000	40.00	80 000.00	13%	10 400.00
奶糖		kg	2 200	50.00	110 000.00	13%	14 300.00
合计					¥190 000.00		¥24 700.00

价税合计(大写):⊗ 贰拾壹万肆仟柒佰元整　　(小写) ¥214 700.00

销售方
名　称:徐州糖果食品有限公司
纳税人识别号:913203111625017724
地址、电话:江苏省徐州市泉山区杨玉街刘英路53号 0516-81699081
开户行及账号:中国建设银行徐州市泉山区支行 41622196583214

备注

收款人:　　复核:　　开票人:刘明　　销售方:(章)

第一联:记账联　销售方记账凭证

北京增值税专用发票

1101161140　　No 96908009　　1101161140 96908009

开票日期：2020年09月30日

购买方	名称：中祥销售有限公司 纳税人识别号：91110116945639742S 地址、电话：北京市怀柔区46街68路24号 010-25354750 开户行及账号：中国建设银行北京市怀柔区支行 41622124173915	密码区	03*3187<4/+8490<+95-59+7<243 4987<0-->>-6>525<693719->7*7 87*3187<4/+8490<+95708681380 9<712/<1+9016>6906++>84>93/-

货物或应税劳务、服务名称	规格型号	单位	数量	单价	金额	税率	税额
运费			1	200.00	200.00	9%	18.00
合计					¥200.00		¥18.00

价税合计（大写）　⊗ 贰佰壹拾捌元整　　（小写）¥218.00

销售方	名称：捷诺达物流有限公司 纳税人识别号：91110105761S101447 地址、电话：北京市朝阳区85街07路61号 010-51399955 开户行及账号：中国建设银行北京市朝阳区支行 41622124870600	备注	车种车号：京A89116 货物名称：硬糖、奶糖 911101057615101447 发票专用章

收款人：　　复核：　　开票人：李杰　　销售方：(章)

收 款 收 据

NO.645072

2020 年 09 月 30 日

今收到 徐州糖果食品有限公司

交来：运费

金额（大写）　零佰　零拾　零万　零仟　贰佰　壹拾　捌元　零角　零分

¥ 218.00　　☑现金　□转账支票　□其他

收款单位(盖章)

核准：　　会计：　　记账：　　出纳：　　经手人：赵爱东

【业务 23】 2020 年 9 月 30 日,取得原始凭证 2 张。

单位产品成本计算单

金额单位:元
数量单位:千克

2020-09-30

产品名称	期初结存		本期入库		单位成本
	数量	金额	数量	金额	
硬糖					
奶糖					
合计					

制表: 审核:

销售产品成本结转表

金额单位:元
数量单位:千克

2020-09-30

领用部门	用途	硬糖		奶糖		合计
		数量	金额	数量	金额	
销售门市	销售领用					
合计						

制表: 审核:

【业务 24】 2020 年 9 月 30 日,取得原始凭证 1 张。

中国建设银行客户专用回单

币别：人民币			2020 年 09 月 30 日		流水号 320320027J0500810079	
付款人	全称	天江有限公司		收款人	全称	徐州糖果食品有限公司
	账号	41622124243989			账号	41622196583214
	开户行	中国建设银行南京市玄武区支行			开户行	中国建设银行徐州市泉山区支行
金　额	（大写）人民币贰万元整			（小写）￥20 000.00		
凭证种类	电汇			凭证号码		
结算方式	电子汇划			用途	预付货款	

打印柜员：320325584257
打印机构：中国建设银行徐州市奎山支行
打印卡号：41622196583214

（中国建设银行回单专用章）

第二联 贷方（回单）

打印时间：2020-09-30　　交易柜员：320325584268　　交易机构：320311449

【业务 25】 2020 年 9 月 30 日,取得原始凭证 1 张。

应交增值税计算表

2020-09-30　　　　　　　　　　　　　　　　　　　　　　　　单位:元

项目	金额
销项税额	
进项税额	
进项税额转出	
上期留抵税额	
应纳税额	
期末留抵税额	
简易征收办法计算的应纳税额	
应纳税额减征额	
应纳税额合计	

制表：　　　　　　　　　　审核：

【业务 26】 2020 年 9 月 30 日,取得原始凭证 1 张。

城市维护建设税、教育费附加、地方教育附加计算表

2020 年 09 月 30 日　　　　　　　　　　　　　　　　　　　单位:元

税(费)种	增值税	税率(征收率)	本期应纳税费	本期已缴税费	本期应补(退)税费
城市维护建设税(市区)					
教育费附加					
地方教育附加					
合计					

审核：　　　　　　　　　　　　　　　　　制表：

【业务 27】 2020 年 9 月 30 日,取得原始凭证 1 张。

应交所得税计算表

2020-09-30　　　　　　　　　　　　　　　　　　　　　　单位:元

项　目	金　额
营业收入	
营业成本	
利润总额	
加:特定业务计算的应纳税所得额	
减:不征税收入和税基减免应纳税所得额	
固定资产加速折旧(扣除)调减额	
弥补以前年度亏损	
实际利润额	
税率	
应纳所得税额	
减:减免所得税额	
实际已预缴所得税额	
特定业务预缴(征)所得税额	
应补(退)所得税额	
减:以前年度多缴在本期抵缴所得税额	
本月(季)实际应补(退)所得税额	

　制表:　　　　　　　　　　　　　　　　　　　　　审核:

【业务 28】 2020 年 9 月 30 日,取得原始凭证 1 张。

损益类账户发生额结转表

2020-09-30　　　　　　　　　　　　　　　　　　　　　　单位:元

总账科目名称	本期借方发生额	本期贷方发生额
合计		

　编制:　　　　　　　　　　　　　　　　　　　　　审核:

附件一

科 目 汇 总 表

　　　　年　月　日至　月　日　　　　　　编号：1

凭证号数	附件共　张 第　号至　号共　张 第　号至　号共　张 第　号至　号共　张																							
会 计 科 目	总页	借方金额											贷方金额											
		十亿	千	百	十	万	千	百	十	元	角	分	十亿	千	百	十	万	千	百	十	元	角	分
合　计																								

制表：　　　　　　　　复核：　　　　　　　　记账：

会 计 科 目	总页	借方金额											贷方金额											
		十亿	千	百	十	万	千	百	十	元	角	分	十亿	千	百	十	万	千	百	十	元	角	分
合　计																								

财会主管：

附录二　2020年9月份业务凭证

科目汇总表

年 月 日 至 月 日

编号：1

凭证号数		附件共 张
第 号至	第 号至	号共 张
	第 号至	号共 张
		号共 张

会计科目	总页	借方金额											贷方金额										
		十亿	千百	十万	千百	十元	角	分					十亿	千百	十万	千百	十元	角	分				
合计																							

会计科目	总页	借方金额											贷方金额										
		十亿	千百	十万	千百	十元	角	分					十亿	千百	十万	千百	十元	角	分				
合计																							

财会主管：　　　　　　记账：　　　　　　复核：　　　　　　制表：

附件二

资产负债表

会企01表

编制单位： ___年___月___日 单位:元

资　　产	期末余额	上年年末余额	负债和所有者权益（或股东权益）	期末余额	上年年末余额
流动资产：			流动负债：		
货币资金			短期借款		
交易性金融资产			交易性金融负债		
衍生金融资产			衍生金融负债		
应收票据			应付票据		
应收账款			应付账款		
应收款项融资			预收款项		
预付款项			合同负债		
其他应收款			应付职工薪酬		
存货			应交税费		
合同资产			其他应付款		
持有待售资产			持有待售负债		
一年内到期的非流动资产			一年内到期的非流动负债		
其他流动资产			其他流动负债		
流动资产合计			流动负债合计		
非流动资产：			非流动负债：		
债权投资			长期借款		
其他债权投资			应付债券		
长期应收款			其中：优先股		
长期股权投资			永续债		
其他权益工具投资			租赁负债		
其他非流动金融资产			长期应付款		
投资性房地产			预计负债		
固定资产			递延收益		
在建工程			递延所得税负债		
生产性生物资产			其他非流动负债		
油气资产			非流动负债合计		
使用权资产			负债合计		
无形资产			所有者权益（或股东权益）：		
开发支出			实收资本（或股本）		
商誉			其他权益工具		
长期待摊费用			其中：优先股		
递延所得税资产			永续债		
其他非流动资产			资本公积		
非流动资产合计			减:库存股		
			其他综合收益		
			专项储备		
			盈余公积		
			未分配利润		
			所有者权益（或股东权益）合计		
资产总计			负债和所有者权益（或股东权益）总计		

附件三

利润表

会企 02 表

编制单位： ___年___月 单位:元

项　　目	本期金额	上期金额
一、营业收入		
减:营业成本		
税金及附加		
销售费用		
管理费用		
研发费用		
财务费用		
其中:利息费用		
利息收入		
加:其他收益		
投资收益(损失以"－"号填列)		
其中:对联营企业和合营企业的投资收益		
以摊余成本计量的金融资产终止确认收益(损失以"－"号填列)		
净敞口套期收益(损失以"－"号填列)		
公允价值变动收益(损失以"－"号填列)		
信用减值损失(损失以"－"号填列)		
资产减值损失(损失以"－"号填列)		
资产处置收益(损失以"－"号填列)		
二、营业利润(亏损以"－"号填列)		
加:营业外收入		
减:营业外支出		
三、利润总额(亏损总额以"－"号填列)		
减:所得税费用		
四、净利润(净亏损以"－"号填列)		
(一)持续经营净利润(净亏损以"－"号填列)		
(二)终止经营净利润(净亏损以"－"号填列)		
五、其他综合收益的税后净额		
(一)不能重分类进损益的其他综合收益		
1.重新计量设定受益计划变动额		
2.权益法下不能转损益的其他综合收益		
3.其他权益工具投资公允价值变动		
4.企业自身信用风险公允价值变动		
……		
(二)将重分类进损益的其他综合收益		
1.权益法下可转损益的其他综合收益		
2.其他债权投资公允价值变动		
3.金融资产重分类计入其他综合收益的金额		
4.其他债权投资信用减值准备		
5.现金流量套期储备		
6.外币财务报表折算差额		
……		
六、综合收益总额		
七、每股收益:		
(一)基本每股收益		
(二)稀释每股收益		

附录三 会计应用技术实训任务完成情况检查表

会计应用技术实训任务完成情况检查表

（总分100分）

班级名称：　　　　　　　　　　　组别：　　　　　　　　　　　姓名：

学号	姓名	原始凭证	记账凭证		科目汇总表	登记账簿			编制报表		装订及实训总结报告	得分合计
			8月份	9月份		日记账	总账	明细账	资产负债表	利润表		

会计应用技术实训任务完成情况检查表表说明：
本表格为教师所用，表格中每个项目最高可打10分，最低可打0分，评分标准为：
10分：独立完成，完成质量高，资料很齐全，填写很规范，按照实习进度规划提前完成任务；
8分：独立完成，完成质量较好，资料较齐全，填写较规范，按照实习进度规划完成任务；
6分：基本独立完成，完成质量较好，资料较齐全，填写较规范，按照有按照实习进度规划完成任务（以上符合一项即可）；
4分：基本参照他人，有部分丢失或资料填写不齐全，或填写不够认真或没有按照实习进度规划完成任务（以上符合一项即可）；
2分：完全抄袭或资料丢失较多或实习进度规划与进度差距较大；
0分：未做。

附录四 5S 管理考核表

5S 管理考核表

(每次 1 分,共 10 分)

班级:　　　　　姓名:　　　　　学号:

小组 5S	周一		周二		周三		周四		周五	
	上午	下午	上午	下午	上午	下午	上午	下午	上午	下午
整理(Seiri)										
整顿(Seition)										
清扫(Seiso)										
清洁(Seiketsu)										
素养(Shitsuke)										
合计										

5S 管理考核表填表说明:
本表格为小组所用,可加分,可扣分,按小组整体情况打分。
整理(Seiri):
1. 将实训场所的东西区分为有必要的与不必要的;
2. 把必要的东西与不必要的东西明确地、严格地区分开;
3. 不必要的东西要尽快清除出工作场地。
整顿(Seition):
1. 对整理之后留在现场的必要物品分门别类放置,排列整齐;
2. 明确数量,并做有效的标识;
3. 物品的保管要定点、定容、定量;
4. 实训场所只能放真正需要的物品,不应将食物、饮料带进实训场所。
清扫(Seiso):
1. 建立清扫责任区(室内外);
2. 将实训场所清扫干净,去除脏污,保持实训场所干净、亮丽的环境,个人桌面、地面不应有纸屑。
清洁(Seiketsu):
1. 巩固前面的 3S 工作,制定奖罚制度,加强执行;
2. 小组制定考评方法;
3. 组长经常巡查,以表重视。
素养(Shitsuke):
1. 仪容、仪表标准;
2. 全体组员共同遵守有关规则、规定;
3. 小组有礼仪守则、统一的服装(校服),仪容仪表端庄,组员精神饱满;
4. 对组员强化 5S 教育、实践。

附录五　会计应用技术实训评分表

会计应用技术实训评分表

(总分 100 分)

班级：　　　　　姓名：　　　　　学号：

项　目	得　分	评分人
自评(10 分)		
小组评(10 分)		
卫生得分：5S(10 分)		
教师评分(70 分)		
得分合计(100 分)		

会计应用技术实训评分表填表说明：
本表格为教师所用。
自评：组员为自己打分。
小组评：组长为组员打分。
卫生得分：根据 5S 管理考核表总体得分。
教师评分：教师为学生打分。

附录六　会计应用技术实训总结

会计应用技术实训总结

（800 字左右）